公務員試験

過去問トレーニング

伊藤塾の
これで完成!

判断推理

JN039840

KADOKAWA

伊藤塾が合格へナビゲート

注目! いま公務員試験が変わってきています

変化のポイント

①筆記試験では大量の知識よりも理解度が試されるようになっている。

②面接などの「人物試験」の重要性がアップし，その対策に時間が必要になっている。

▼ つまり

対応策

①分厚い問題集は不要。頻出問題や重要事項を効率良く学ぶ。

②筆記試験対策は早く終わらせる。それでも確実な理解をする。

▼

そこで効果バツグンなのが本書です！

\ 本書のここがすごい /

❶ 伊藤塾の内部教材『これ完』を書籍化

伊藤塾の合格者が口をそろえて絶賛するオリジナル問題集『これで完成演習』(略称:『これ完』)をさらに使いやすくまとめました。

❷ 学習時間の負担 減

『これ完』の中から合格に必須の問題だけ厳選しているので,とてもコンパクトな問題集になっています。

❸ 合格に届く 7 割得点の実力養成

コンパクトながら合格に必要な頻出問題,重要事項を網羅しているので確実な理解を可能にします。

伊藤塾のココがすごい!!

公務員試験の合格・内定率トップ級の予備校

さあ,本書で最短ルートで合格しましょう!

2019年度の公務員試験・国家総合職[法律区分]でも 1 次試験合格率57.5%(受験生全体で10.8%)、内定率71.0%(1次+2次試験合格者全体で35.6%)という実績を出している伊藤塾が長年蓄積してきた試験対策のノウハウを用い、すべての公務員試験志望者のために使いやすくまとめた最強の問題集が本書です。

伊藤塾塾長 **伊藤 真**

合格ガイダンス

ポイント①
判断推理が苦手な人や初学者に最適！

　この問題集は，国家一般職，裁判所職員，国家専門職（国税専門官，財務専門官，労働基準監督官），東京都，特別区（東京23区）職員採用試験の過去問から，実際の試験で頻出の問題を厳選して掲載しています。

　公務員試験を受験する以上は，この判断推理という科目は避けて通れない科目です。しかし，判断推理が得意になるか不得意になるかは，今までの学習経験も大きく影響することから，不得意にしてしまうと克服するのに時間がかかってしまう科目です。

　この問題集は，**判断推理に苦手意識を持っている人や，公務員試験対策を始めて間もない人が，判断推理を得意科目にしていくためのサポート**として最適です。

　この問題集を上手に利用して，判断推理を得意科目にしてください。

ポイント②

合格勉強法4つのポイントをおさえよう！

本書を使って問題演習をする際には，以下の4つのことを意識してください。

① 最短で正解を出す

② 理解できるまで解説をトコトン読む

③ 解説以外の解法も考えてみる

④ 同じ問題を繰り返し解く

① 最短で正解を出す

問題演習をするときには，本試験を意識した解き方で取り組むようにしましょう。

判断推理は，「基礎能力試験」の分野に属し，「数的推理」や「資料解釈」「文章理解」という項目とともに出題され，試験時間を教養系科目とまとめている機関もあります。これらの項目は，いずれも解くのに時間を要することが多いという傾向にあるため，いかに判断推理の問題を速く解くかということが，基礎能力試験の時間配分のポイントです。

問題演習をするときは，正解できるかどうかだけではなく，速く正解にたどりつけるように心掛けるようにしてください。

② 理解できるまで解説をトコトン読む

判断推理は，過去問と全く同じ解き方，同じ数値の問題が出ることはありえません。判断推理で過去問演習をする意味は，既出の問題を演習することを通して，未知の問題に対応できるようにするというところが大きいのです。つまり，問題演習を通じて，使える解法のバリエーショ

ンを豊かにしていくということが大切です。

　既出の問題の解法の意味がしっかり理解できていなければ，未知の問題を解く際に応用させることはできません。**解説の意味が理解できるまで，トコトンつきつめるようにしましょう。**

③　解説以外の解法も考えてみる

　判断推理の問題は1つの問題に正解は1つですが，**使える解法は1つとは限りません。**1つの問題を解くのに，方程式を使ったり，図を使ったり，気合で書き出したりといくつもの解法がありえます。これが判断推理のややこしいところであり，魅力的なところでもあります。

　判断推理の問題がうまく解けるようになったら，**解説にある解き方以外の方法も考えてみましょう。**本書でも，伊藤塾講師による別の解法も載せていますので参考にしてください。

　解説よりも簡単に解ける方法が見つかったなら，そのときに判断推理の実力がついてきたという実感が湧いてくるはずです。ただし，最初からいくつもの解法パターンを考えるのは危険です。必ず，本書に掲載されていることを理解できたらチャレンジしましょう。

④　同じ問題を繰り返し解く

　判断推理の問題は一見，同じ問題を繰り返し解くことに意味がないように思えます。「答えを覚えてしまったので，繰り返し解くのは意味がないと思います」という相談を受けることもしばしばあります。

　しかし，前述のように**問題演習で大切なのは，正解ではなく解法です。**すべての問題で，**問題を見るだけで最短で解ける解法がすぐに出てくるという状態になるまで，この問題集は繰り返し解く意味があります。**

　この問題集の内容を完全にマスターするまで使い続けてみましょう。

本書の使い方

重要度は S，A，B，C の 4
段階。まずは重要度順に解
いていくのも効率的です。

本番はスピードが大事！　制限
時間内に解く練習をしましょう。

3 回解けば対策バッチリ！
解いた日の付と正誤を記録
しておきましょう。

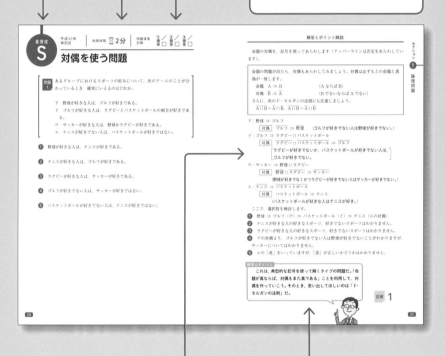

赤く強調されている箇所は
問題を解くためにカギとな
る知識です。

問題を解く際のポイントや別の解法が
書かれています。ここをチェックすれ
ば，得点アップのヒントがわかります。

出題傾向をつかんでおけば得点力アップ

　近頃の過去問を見ると，一時期に比べると全体的に少し易化傾向にあります。簡単になったというより，**取り組みやすい問題の出題が増えた**というのが正確な表現かもしれません。一方で，試験によっては，**解き方が同じで数字だけが違うという"数値変え"の問題を繰り返し出題する**ところもあります。この２つのことを考えると，今後ますます過去問演習のやり方が，判断推理を攻略するうえで重要になってくると考えられます。

　過去問演習を通じて解き方をマスターしていくということを基本として対策しましょう。

　また，「私は特別区を志望しているから，特別区の過去問さえ解けばいい」というやり方もよくありません。志望先に関係なく，本書に掲載されている問題は正解できるようにしましょう。

本書の「重要度ランク」で出題傾向がバッチリわかる

　問題の重要度別にランクをつけています。**ランクは重要なものから順番にＳランク，Ａランク，Ｂランク，Ｃランクです。**

　本書に掲載されている問題は，すべて解けるようになってほしいため，このランクは優先順位だと思ってください。つまり，Ｓランクの問題とＢランクの問題を間違ってしまったならば，Ｓランクの問題から先に復習し，完全に解けるようになってほしいということです。

　繰り返しになりますが，**判断推理は過去問演習から未知の問題に対応する力を養うことが大切**です。

　これを徹底すれば，この科目は攻略できますので，頑張ってください。

出題傾向

1. 易化傾向にある

2. 条件が少し違うが、過去に出題された
   問題と解き方が同じ問題が出る

つまり

過去問演習を繰り返し、
基礎力をつけて、すぐに最短で正解が
出せる解法に気付けることが大事！

1回目で解けなくても焦らなくて大丈夫！
3回解けば必ず実力がつきます

1回目 → 2回目 → 3回目

目次

1回目、2回目、3回目でそれぞれ正解できたかをチェックし、到達度を確認しましょう。

セクション 1 論理問題

セクション 2 うそつき問題

セクション 6 位置・配置

セクション 7 手順

https://www.kadokawa.co.jp/product/321806000882/

本書の内容に関して正誤情報がある場合には、こちらに掲載いたします。

※ QR コードでアクセスできない場合は、公式サイト（https://www.kadokawa.co.jp/）から書名を
検索してください。

【P3掲載の実績については下記をご参照ください】

※官庁訪問に臨んだ31名のうち、内定確認22名。〈合格者全体・参考〉2019年試験実施について、
法律区分合格者からの採用予定者数は160名。採用予定数／最終合格者数＝35.6％（理論値。国家
総合職試験の名簿有効期間は３年のため、2017年・2018年合格者からも採用される可能性がある）。

※国家総合職［法律区分］試験・受験報告80名のうち、１次試験合格46名。受験者全体は合格者／
申込者数。

本文イラスト／瀬川尚志

本文デザイン／二ノ宮匡（ニクスインク）

本文DTP／株式会社フォレスト

※本書は原則として、2020年３月時点での情報を基に原稿執筆・編集を行っております。

論理問題

重要度 S

平成30年
特別区

制限時間 ⏳ 2分

問題演習
記録

1回目 ／ □　2回目 ／ □　3回目 ／ □

対偶を使う問題

 問題1 あるグループにおけるスポーツの好みについて，次のア～エのことが分かっているとき，確実にいえるのはどれか。

ア　野球が好きな人は，ゴルフが好きである。
イ　ゴルフが好きな人は，ラグビーとバスケットボールの両方が好きである。
ウ　サッカーが好きな人は，野球かラグビーが好きである。
エ　テニスが好きでない人は，バスケットボールが好きではない。

❶ 野球が好きな人は，テニスが好きである。

❷ テニスが好きな人は，ゴルフが好きである。

❸ ラグビーが好きな人は，サッカーが好きである。

❹ ゴルフが好きでない人は，サッカーが好きではない。

❺ バスケットボールが好きでない人は，テニスが好きではない。

命題の対偶を，記号を使ってあらわします（アッパーラインは否定をあらわしています）。

命題の問題が出たら，対偶もあらわしてみましょう。対偶は必ずもとの命題と真偽が一致します。

命題　$A \Rightarrow B$　　　　　　　（A ならば B）

対偶　$\overline{B} \Rightarrow \overline{A}$　　　　　　　（B でないならば A でない）

さらに，次のド・モルガンの法則にも注意しましょう。

$\overline{A \cup B} = \overline{A} \cap \overline{B}, \ \overline{A \cap B} = \overline{A} \cup \overline{B}$

ア：野球 ⇒ ゴルフ

　　対偶　$\overline{\text{ゴルフ}} \Rightarrow \overline{\text{野球}}$　　（ゴルフが好きでない人は野球が好きでない。）

イ：ゴルフ ⇒ ラグビー ∩ バスケットボール

　　対偶　$\overline{\text{ラグビー}} \cup \overline{\text{バスケットボール}} \Rightarrow \overline{\text{ゴルフ}}$

　　　　「ラグビーが好きでないか，バスケットボールが好きでない人は，
　　　　ゴルフが好きでない。」

ウ：サッカー ⇒ 野球 ∪ ラグビー

　　対偶　$\overline{\text{野球}} \cap \overline{\text{ラグビー}} \Rightarrow \overline{\text{サッカー}}$

　　　　（野球が好きでなくかつラグビーが好きでない人はサッカーが好きでない。）

エ：$\overline{\text{テニス}} \Rightarrow \overline{\text{バスケットボール}}$

　　対偶　バスケットボール ⇒ テニス

　　　　（バスケットボールが好きな人はテニスが好き。）

ここで，選択肢を検討します。

❶ 野球 ⇒ ゴルフ（ア） ⇒ バスケットボール（イ） ⇒ テニス（エの対偶）

❷ テニスが好きな人の好きなスポーツ，好きでないスポーツはわかりません。

❸ ラグビーが好きな人の好きなスポーツ，好きでないスポーツはわかりません。

❹ アの対偶より，ゴルフが好きでない人は野球が好きでないことがわかりますが，サッカーについてはわかりません。

❺ エの「逆」をいっていますが，「逆」が正しいかどうかはわかりません。

解答のポイント

　これは，典型的な記号を使って解くタイプの問題だ。「命題が真ならば，対偶もまた真である」ことを利用して，対偶を作っていこう。そのとき，思い出してほしいのは「ド・モルガンの法則」だ。

正解 **1**

重要度 S

平成28年
国家専門職

制限時間 ⏳3分

問題演習
記録
1回目 / □
2回目 / □
3回目 / □

特称命題

 問題2 ある小学校の遠足で，児童がおやつとして何を持参したか調べたところ，次のことが分かった。このとき，論理的に確実にいえるのはどれか。

- ○ ガムを持参していた児童は，あめを持参していなかった。
- ○ ガムを持参していた児童の中で，チョコレートを持参していた児童が一人以上いた。
- ○ 果物を持参していた児童は，ジュースを持参していなかった。
- ○ 果物を持参していた児童の中で，あめを持参していた児童は一人以上いた。

❶ ガムを持参していなかった児童の中で，ジュースを持参していなかった児童がいた。

❷ あめを持参していなかった児童の中で，果物を持参していた児童がいた。

❸ チョコレートを持参していなかった児童の中で，あめを持参していなかった児童がいた。

❹ 果物を持参していた児童は，チョコレートを持参していなかった。

❺ ジュースを持参していた児童の中で，チョコレートを持参していた児童がいた。

「命題」の問題です。

特称命題（ある○○がいる〜）が含まれているので，ベン図を使って整理してみましょう。

一例として，以下のようなベン図が書けます。これをもとに選択肢を検討していきます。

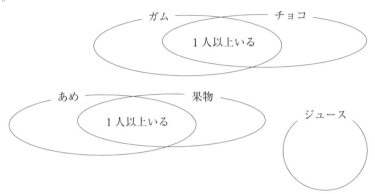

1 の選択肢をみてみましょう。

4番目の条件から，あめと果物の両方を持参している児童が1人以上いることがわかります。この児童は，ガムもジュースも持参しないといえます（1番目の条件から，あめとガムの両方を持参することはなく，3番目の条件から，果物とジュースも両方持参することはありません）。

よって，この選択が正解です。

解答のポイント

命題には大きく分けて，「全称命題」と「特称命題」があるんだ。全称命題というのは，「すべての○○は××である」という命題のことで，特称命題は「一部の○○は××である」という命題のことだ。うん？　わかりにくいかな？　例えば，本問でいうと，最初の命題「ガムを持参していた児童は，あめを持参していなかった」は，ガムを持参していた児童全員があめを持参しなかったってことだから全称命題で，2番目の命題「ガムを持参していた児童の中で，チョコレートを持参していた児童が一人以上いた」はガムを持参していた児童のうちの一部がチョコレートを持参していたということで，特称命題。特称命題の問題は，ベン図を使う解法が適している！

正解 **1**

重要度 C

平成25年
国家専門職

制限時間 ⏳ 3分

問題演習
記録

1回目 ／ □
2回目 ／ □
3回目 ／ □

「いずれか一つ」の取り扱い

問題 3 ある集団を調査したところ次のことが分かった。このとき，論理的に確実にいえるのはどれか。

○ ワインが好きか又は日本酒が好きである者は，イタリア料理が好きである。

○ ワインが好きである者は，中華料理か和食のいずれか一つのみが好きである。

○ 日本酒が好きではない者は，和食が好きではない。

1 日本酒が好きでかつワインが好きではない者は，和食が好きである。

2 日本酒が好きである者は，中華料理が好きである。

3 中華料理が好きでかつ日本酒が好きである者は，和食が好きである。

4 イタリア料理が好きか又は和食が好きである者はワインが好きである。

5 和食が好きでかつワインが好きである者は，中華料理が好きではない。

命題の問題において，「または」と「いずれか一つのみ」は意味が違うので，取り扱いに注意しましょう。

A または B……「A かつ B」を含む。（A∪B）

A か B のいずれか一つのみ……「A かつ B」を含まない。（A∪B）∩ $\overline{(A∩B)}$

（$\overline{A}$ は，A が好きではないことをあらわします。）

この対偶を考えるのは時間がかかるので，図を使って解くことにします。

上から条件 1 ～ 3 とする 3 つの条件をベン図などにしてあらわすと，以下のようになります。なお，3 つ目の条件は対偶をベン図であらわしています。

条件 1 　　　　　　　　　　条件 2 　　　　　　　　　　条件 3

 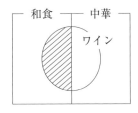 

条件 2 の図より，「和食が好きでかつワインが好きな者」は上図の斜線部にあたります。したがって，中華料理が好きではないことが確実にいえます。

よって，選択肢 ❺ の命題が正しいことがわかります。

解答のポイント

　この問題は，三段論法などの命題の定番の解法テクニックを使おうとしても，なかなかうまくいかない。むしろ国語の問題（？）かな。2 つ目の命題で「ワインが好き→中華料理か和食のどちらか 1 つのみが好き」とあるから，ワインが好きで和食が好きなら，おのずと中華料理は好きではない＝嫌いになるよね。だから，選択肢 ❺ が正解だ。言われればわかるけど，時間の制約が厳しい中で気付くのは大変かも。

正解 **5**

包含関係（キャロル図）

問題4

ある大学には，法文系と自然科学系の二つの専攻があり，スポーツサークルは，フットサルとテニスのサークルがある。この二つのサークルの2年生と3年生が共同で新入生歓迎会を行うことにし，担当幹事を次の方法で決めることにした。いくつかの条件を示し，その条件すべてに反しない学生がいた場合，その者が担当するというものである。

次の四つの条件を示したところ，すべてに反しない学生は2人いた。その2人は，ある属性のみは共通していたが，それ以外の属性はいずれも異なっていた。共通する属性として最も妥当なのはどれか。

○ 専攻が「法文系」であれば，学年は「2年生」であること。
○ 専攻が「自然科学系」であれば，サークルは「フットサル」であること。
○ 学年が「3年生」であれば，サークルは「テニス」であること。
○ サークルが「フットサル」であれば，専攻は「自然科学系」であること。

① 専攻は「法文系」である。

② 専攻は「自然科学系」である。

③ 学年は「2年生」である。

④ サークルは「フットサル」である。

⑤ サークルは「テニス」である。

上から条件1～4とする4つの条件より，下の3つのベン図が得られます。

条件1　　　　　　　条件2と条件4　　　　　　条件3

2人の学生を甲，乙と置きます。

甲と乙がそれぞれ次のような属性を持つと考えると，条件に合います。

	学年	専攻	サークル
甲	2年	法文系	テニス
乙	2年	自然科学系	フットサル

以上より，正解は ③ となります。

解答のポイント

　別解として，キャロル図を活用すると，うまく解けるよ。条件を考えて，キャロル図の該当箇所に×印を入れると，下図のようになる。

　そうすると，残るのは斜線部分の2か所なので，共通する属性は2年生だ!!

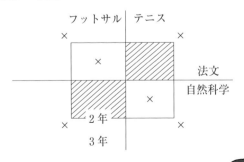

正解 **3**

重要度
S

平成22年
東京都

制限時間 ⧗ 2分

問題演習
記録

1回目 ／ □
2回目 ／ □
3回目 ／ □

対偶とベン図の併用

 問題5 ある小学校の児童に好きな教科を尋ねたところ，次のア，イのことが分かった。

ア　国語が好きな児童は，社会科も理科も好きである。
イ　算数が好きでない児童は，社会料も好きでない。

　以上から判断して，この小学校の児童に関して確実にいえるのはどれか。

❶ 国語が好きな児童は，算数も好きである。

❷ 社会科が好きでない児童は，算数も好きでない。

❸ 理科も算数も好きな児童は，社会科が好きである。

❹ 理科が好きで国語が好きでない生徒は，社会科が好きである。

❺ 算数が好きな児童は，理科も好きである。

まず，条件と対偶をとり，ベン図であらわします。

ア：国語が好きな児童は，社会科も理科も好きである。

国 ⇒ 社 ∩ 理　　　　　　　　対偶：$\overline{社} \cup \overline{理}$ ⇒ $\overline{国}$

（ア）

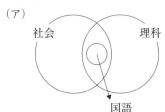

イ：算数が好きでない児童は，社会科も好きでない。

$\overline{算}$ ⇒ $\overline{社}$　　　　　　対偶：社 ⇒ 算

（イの対偶）

2つの図を組み合わせると，

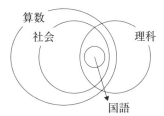

したがって，ベン図より，国語が好きな児童は，算数も好きであると導くことができます。

解答のポイント

これは，対偶を使う方法と，ベン図を使う方法の合わせ技だ！　まずは，アの条件からベン図を作る。イの条件は，否定形なので，ベン図ではあらわしにくい。そこで，命題の対偶をとり，「社会が好きな生徒→算数が好き」という形に持ち込んで，アのベン図を書き加えることで活路が見えてくる！　こんなパターンもあるから，気が抜けないね！

正解 **1**

真偽表の利用

 命題「A → (B → C)」と同値な命題はどれか。ただし，A，B，Cは命題であり，記号 ∧，∨，→，¬ はそれぞれ論理積「かつ」，論理和「または」，条件文「ならば」，否定「でない」を表す。

① (A → B) → C

② A ∧ B ∧ C

③ (¬A) ∨ B ∨ C

④ (A ∨ B) → C

⑤ (A ∧ B) → C

本問を理解するための前提として，以下のことを確認しておきましょう。

---

① 二つの命題PとQがあり，

一方の命題が「真」で，他方の命題も「真」，

一方の命題が「偽」で，他方の命題も「偽」のとき，

二つの命題は同値であるといいます。

② 二つの命題P，Qの真偽の組合せに対応して，$P \rightarrow Q$，$P \vee Q$，$P \wedge Q$の真偽は次のように決まります。

P	Q	$P \rightarrow Q$	$P \vee Q$	$P \wedge Q$
○	○	○	○	○
○	×	×	○	×
×	○	○	○	×
×	×	○	×	×

（「真」→○，「偽」→×）

このような表を真偽表といいます。

③ $P \vee Q$は並列関係ともよばれ，P，Qの真偽の組合せに対応する$P \vee Q$の真偽は，次のように図示できます。

---

②より，問題文の命題：$A \rightarrow (B \rightarrow C)$ が「真」となるような A，B，C のそれぞれの真偽の組合せを考えます。Aと$(B \rightarrow C)$について，**Aが真，$(B \rightarrow C)$が偽のときのみ$A \rightarrow (B \rightarrow C)$が偽になる**ので，命題が真になるのは，次の7通りあります。

	A	B	C
①	○	○	○
②	○	×	○
③	○	×	×
④	×	○	○
⑤	×	×	○
⑥	×	×	×
⑦	×	○	×

（「真」→○，「偽」→×）

以上を前提に，各選択肢を検討します。まず，前の表の⑦で考えてみましょう。

A	B	C
×	○	×

この組合せで全体が「偽」となった場合，同値ではありません。

【選択肢 ❶】

　A が×，B が○なので，（A → B）は○となります。

　したがって，（A → B）→ C は，（A → B）が○，C が×となるので，「偽」となります。

　よって，問題の命題と同値ではありません。

【選択肢 ❷】

　同じように，上記の表の⑦で考えます。

　A ∧ B ∧ C は，A が×，C が×ですから，**全体も×，すなわち「偽」**となります。よって，問題の命題と同値ではありません。つまり，正解は 3 ～ 5 のいずれかとなります。

【選択肢 ❸】

　¬A は A と○・×が入れ替わります。条件⑦では A が×なので，¬A は○です。したがって，（¬A）∨ B ∨ C の並列関係は右図のようにあらわされ，全体として○，すなわち「真」になります。正解の候補です。

【選択肢 ❹】

　（A ∨ B）→ C は，A が×，B が○より（A ∨ B）の並列関係は○（右図）となるので，（A ∨ B）が○，C が×となって，**全体として×になります。**

　よって「偽」ですから，同値ではありません。

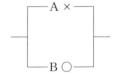

【選択肢 ❺】

　（A ∧ B）→ C は，A が×，B が○より（A ∧ B）が×になるので，（A ∧ B），C がともに×となって，**全体として○になります。**よって「真」ですから，正解の候補です。

　ここまでで，❸ と ❺ が残りました。さらに，上記の表の③で考えてみましょう。

A	B	C
○	×	×

この組合せで全体が「偽」となった場合も，同値ではありません。

【選択肢❸】

Aが○なので，¬Aは×になります。

(¬A)∨B∨Cは並列関係で，その関係は右図のようにな

り，全体として×，つまり「偽」になります。したがって，

同値ではありません。

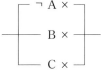

【選択肢❺】

(A∧B)→Cは，Aが○，Bが×より(A∧B)が×になるので，(A∧B)，Cがと

もに×となって，全体として○になります。よって「真」です。

この時点で選択肢❺に絞り込んだので，これが問題の命題と同値ということがで

きます。

解答のポイント

　これはちょっと厄介な問題だね。真偽表によれば，命題
「P→Q」が「偽」になるのは，P＝真，Q＝偽 のときだ
けで，他は全部「真」なんだ。真偽表に照らし合わせて考
えてみると，本問の命題「A→(B→C)」が「偽」にな
るのは，A＝真，B→C＝偽 のときのみであり，B→C
が偽になるのは，B＝真，C＝偽 のときだ。つまり，本
問の命題が「偽」になるのは，A＝真，B＝真，C＝偽
のときのみってことになる。選択肢の中で，同様にA＝真，
B＝真，C＝偽 のときのみ，「偽」になる選択肢はどれだ
ろうって探すと，選択肢❺ってことがわかるね。

正解 5

集合と論理の混合問題

> **問題7** 次の推論A〜Dのうち，論理的に正しいもののみを挙げているのはどれか。
>
> A：ある会社の売店は，梅干し，昆布，明太子の3種類のおにぎりを，客1人につき2個選択させる方法で販売し，計180個を完売した。梅干しを購入した客のうち56人が昆布を購入しており，かつ，昆布を購入した客のうち20人が明太子を購入しているとき，同じ種類のおにぎりを2個購入した客は14人である。
>
> B：ある会社の社員100人にリンゴ，ブドウ，ミカンのうち好きな果物を挙げさせたところ，リンゴを挙げた者が60人，ブドウを挙げた者が40人，ミカンを挙げた者が30人いた。3種類全てを挙げた者が10人，ちょうど2種類を挙げた者が20人いるとき，1種類も挙げなかった者は10人である。
>
> C：ある会社の食堂のメニューは日替わりである。カレーライスとうどんの両方がある日にはオムライスもあり，焼きそばがない日にはうどんがない。さらに，魚定食がある日にはカレーライスがない。このとき，魚定食がある日には，うどんと焼きそばの両方がある，又は，オムライスがない。
>
> D：ある会社の社員に対して終業後の習慣について尋ねたところ，終業後に買物をしている者は，終業後に運動をしていないが，終業後に社内で行われる勉強会に参加していない者は，終業後に運動をしていることが分かった。このとき，終業後に買物をしている者は，終業後に社内で行われる勉強会に参加している。

1 A, B

2 A, C

3 B, C

4 B, D

5 C, D

A，Bは集合の要素の個数を求めることで，C，Dは対偶や三段論法を利用して，それぞれ検証しましょう。

> 三段論法：P → Q，Q → Rがそれぞれ成立するとき，P → Q → R，すなわち，
> P → Rも成立する。

A：梅干し，昆布，明太子の3種類のうち，重複を許して2個選ぶ組合せは，
(梅，梅) (昆布，昆布) (明太子，明太子) (梅，昆布) (梅，明太子) (昆布，明太子)
の6通りあります（樹形図をかいて数えてもよいでしょう）。
一人2個ずつ買っていて，合計180個売れているので，**買った人数は**
$180 \div 2 = 90$ 人です。
条件より，

> 梅干しを購入した客のうち56人が昆布を購入：**(梅，昆布)** $= 56$ **(人)**

> 昆布を購入した客のうち20人が明太子を購入：**(昆布，明太子)** $= 20$ **(人)**

となります。残りの人数は，$90 - (56 + 20) = 14$ （人）となりますが，この中には
(梅，明太子) の組合せを購入した人数も含まれていますから，同じ種類のおにぎりを2個購入した客が14人とはいえません。よって，A は誤りです。

B：右のようなベン図を作って考え
ましょう。条件より，

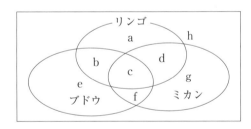

全体：$a + b + c + d + e + f + g + h = 100$ ……①
リンゴが好き：$a + b + c + d = 60$ ……②
ブドウが好き：$b + c + e + f = 40$ ……③
ミカンが好き：$c + d + f + g = 30$ ……④
3種類すべて挙げた：$c = 10$ ……⑤
ちょうど2種類挙げた：$b + d + f = 20$ ……⑥
①〜⑥を利用して，1種類も挙げなかった者 (h) の人数を求めます。

$$② + ③ + ④ = (a + b + c + d) + (b + c + e + f) + (c + d + f + g)$$
$$= (a + b + c + d + e + f + g) + (b + d + f) + 2c$$
$$= 130 \quad ……⑦$$

⑦に⑤，⑥を代入して，

$a+b+c+d+e+f+g=90$　……⑧

⑧を①に代入すると，$h=10$ となります。よって，B は正しいです。

C：条件を順に記号で表して検証します。$A\cap B$ は A, B の両方がある日，$A\cup B$ は A, B のどちらかがある日，$\overline{A}$ は A がメニューにない日をあらわします。

　　　カレー $\cap$ うどん　→　オムライス　……①

　　　$\overline{焼きそば}$　→　$\overline{うどん}$　……②

　　　魚定食　→　$\overline{カレー}$　……③

次に対偶をとります。

　　　①の対偶：$\overline{オムライス}$　→　$\overline{カレー}\cup\overline{うどん}$　……④

　　　②の対偶：うどん　→　焼きそば　……⑤

　　　③の対偶：カレー　→　$\overline{魚定食}$　……⑥

問題文では以上のことから，

　　　魚定食　→　（うどん $\cap$ 焼きそば）$\cup\overline{オムライス}$　……⑦

が成立するとしていますが，三段論法を使っても，そのようなことはいえません。よって，C は誤りです。

D：C と同様に，条件とその対偶を記号であらわします。$\overline{A}$ は A をしていないことをあらわします。

　　　買物　→　$\overline{運動}$　……①

　　　$\overline{勉強会}$　→　運動　……②

それぞれの対偶をとります。

　　　①の対偶：運動　→　$\overline{買物}$　……③

　　　②の対偶：$\overline{運動}$　→　勉強会　……④

①と④より，三段論法を使って，

　　　買物　→　$\overline{運動}$　→　勉強会

よって，買物　→　勉強会 が成立するので，D は正しいです。

解答のポイント

　論理と集合の問題の混合問題，今風に言えばハイブリッド問題だ！　論理の問題は C と D だね。どちらも記号を使ったタイプで，比較的素直な問題だから大丈夫だよね？それにしても 1 問の中に集合と論理が混ざっているから，なんだか頭が混乱するけど，素早く切り替えていこう！

正解 **4**

「論理問題」で知っておきたい知識の整理

🏷 命題「→」でつないでいく（必要ならば対偶をとる）

＊「p ならば q である」という命題は、「$p \rightarrow q$」と表記される。「$p \rightarrow q$」と「$q \rightarrow r$」が同時に成り立つならば、「$p \rightarrow q \rightarrow r$」が成り立ち、結局「$p \rightarrow r$」が成り立ちます（いわゆる「三段論法」）。つなげられる命題は 2 つとは限りません。命題がいくつになってもつながる限りつなげていくことができます。

＊ここで、「$p \rightarrow q$」の p を十分条件、q を必要条件といいます。

＊ある命題が成り立つとき、その命題の仮定（主部）と結論（述部）を入れ替え、肯定と否定を逆にした命題（これをもとの命題の対偶といいます）も必ず成り立ちます。単に仮定（主部）と結論（述部）を入れ替えた命題（これを、もとの命題の逆といいます）や、単に肯定と否定を入れ替えた命題（これを、もとの命題の裏といいます）は常に真とはいえないため必ずしも成り立ちません。

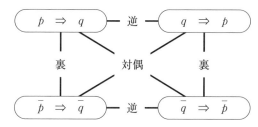

※命題をつなげていくとき、必要に応じて対偶をとることになる。

🏷 集合 ベン図を描く（特称命題は必ずベン図）

＊「ある～は……」といった命題（日本語表現で必ずしもそうなっていなくとも、英文に直したとき「Some ……」と書けるものを考えればよいです）を特称命題といいます。

＊特称命題を含む命題群を処理する場合には、「$p \rightarrow q$」をベン図に直します。「$p \rightarrow q$」は下の図中央のようになります。「人間 → 動物」は成立する命題なのでこれに基づいてベン図を描いてみればわかります。ただし、条件がつけら

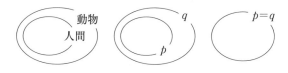

れていたり，正解が 1 つに絞りきれない場合は，前ページの図右の特殊な場合
も考慮します。

※注意事項
　　二重否定は肯定になる。→ 形式論理では，「p ではない」（ = 「p である」の
　　　　　　　　　　　　　否定）を否定すると，「p である」になります。

「and」と「or」

＊「and」や「or」でつながった命題を複合命題といいます。
　複合命題では，それを否定したときに注意が必要となります。
「A であり，かつ B である」（「A and B」）を否定すると，「A でないあるいは B
でない」（「$\overline{A}$ or $\overline{B}$」）となります（下図参照）。
＊「A であるあるいは B である」（「A or B」）を否定すると，「A でないかつ B
　でない」（「$\overline{A}$ and $\overline{B}$」）となります。
※and の否定は or，or の否定は and となります。これを〔ド・モルガンの法則〕
　といいます。

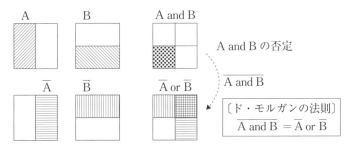

命題の真偽

＊基本的には，事実との対応によります。「$P \rightarrow Q$」の真偽は，P 真，Q 偽のと
　き偽，それ以外は真となります。

P	Q	$P \rightarrow Q$
真	真	真
真	偽	偽
偽	真	真
偽	偽	真

セクション
2

うそつき問題

重要度 S

平成29年
特別区

制限時間 4分

問題演習
記録

1回目 ／ □　2回目 ／ □　3回目 ／ □

○○が1名の問題

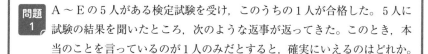

> **問題1**　A～Eの5人がある検定試験を受け，このうちの1人が合格した。5人に試験の結果を聞いたところ，次のような返事が返ってきた。このとき，本当のことを言っているのが1人のみだとすると，確実にいえるのはどれか。
>
> A　「合格はDでも私でもない。」
> B　「合格はCかEのどちらかである。」
> C　「合格はAでもBでもない。」
> D　「合格はAか私のどちらかである。」
> E　「合格はBでも私でもない。」

❶ Aは，本当のことを言っている。

❷ Bは，本当のことを言っている。

❸ Cは，本当のことを言っている

❹ Dは，本当のことを言っている。

❺ Eは，本当のことを言っている。

合格者が1人であるという条件から，A～Eの1人ずつを合格者と仮定しながら，各自の発言の真偽を検証してみましょう。

(i) Aが合格者と仮定する

A「合格はDでもAでもない」……ウソ，
B「合格はCかEのどちらか」……ウソ，
C「合格はAでもBでもない」……ウソ，
D「合格はAかDのどちらか」……ホント，
E「合格はBでもEでもない」……ホント，となり，

本当のことを言っているのが2人いることになってしまいます。
よって，Aは合格者ではありません。

(ii) Bが合格者と仮定する

A「合格はDでもAでもない」……ホント，
B「合格はCかEのどちらか」……ウソ，
C「合格はAでもBでもない」……ウソ，
D「合格はAかDのどちらか」……ウソ，
E「合格はBでもEでもない」……ウソ，となり，

本当のことを言っているのはAのみとなるので，つじつまが合います。

よって，合格者はBで，正解は❶です。

解答のポイント

　問題文の条件に「合格者が1人」とあるので，Aさんから順番に合格者だと仮定しながら発言をみていこう。すると，A＝合格者 とすると，DとEが本当のことを言うことになり，条件に反するね。B＝合格者 とすると，Aのみが本当のことを言っていることになり，条件に合う。だから正解は❶だ。問題文に「○○が1人」という条件がついている場合，その○○を誰か1人に仮定をして，他の人の発言をみるのがこの手の問題のセオリーだ！

正解 1

重要度
A

平成27年
国家専門職

制限時間 ⏳ 4分

問題演習
記録

1回目 □ 2回目 □ 3回目 □

矛盾をみつける問題

問題2
A～Eの5人が次のように述べているとき確実にいえるのはどれか。
ただし5人はそれぞれ正直者又はうそつきのいずれかであり、うそつきは発言中の下線部分が虚偽であるものとする。

A：「Bはうそつきである。」
B：「Cはうそつきである。」
C：「Dはうそつきである。」
D：「Eはうそつきである。」
E：「AとBは2人ともうそつきである。」

❶ Aは正直者である。

❷ Dは正直者である。

❸ Eは正直者である。

❹ うそつきは2人である。

❺ うそつきは4人である。

Ａの発言「Ｂはうそつきである」に注目してみましょう。

Ａが正直者の場合：「Ｂはうそつきである」は本当で，Ｂはうそつきです。

Ａがうそつきの場合：「Ｂはうそつきである」はうそなので，Ｂは正直者です。

つまり，**ＡとＢが共に正直者であることや，共にうそつきであることはありえない**ことがわかります。

したがって，「ＡとＢは２人ともうそつき」というＥの発言はうそ，すなわち，**Ｅはうそつきであることが確定します。**

Ｅがうそつきであることをもとにすると，Ｄは正直者，Ｃはうそつき，Ｂは正直者，Ａはうそつき，と次々にわかります。

セクション 2 うそつき問題

解答のポイント

発言内容の中に矛盾点がないかどうかみていこう。Ａ
はＢをうそつきといっているわけだから，Ａが本当なら，
Ｂがうそつき，Ａがうそつきなら，Ｂは本当ということに
なり，２人がうそをつくってことはありえないよね。とな
ると，Ｅの発言はうそだ。Ｅうそ→Ｄ本当→Ｃうそ→Ｂ
本当→Ａうそとなり，全員の状況がわかる。

それにしてもこんなに世の中うそつきだらけだと，すっ
かり人間不信になっちゃうね。（笑）

正解 **2**

重要度 **A**

平成26年
東京都

制限時間 ⏳ 5分

問題演習
記録

1回目 ／ □
2回目 ／ □
3回目 ／ □

発言の一方だけが事実の問題

問題3 A〜Eの5人が，登山をしたときに山頂へ到着した順番について，それぞれ次のように発言している。

A 「私はDの次に到着した。」「CはEの次に到着した。」
B 「私はEの次に到着した。」「Aは最後に到着した。」
C 「私はBの次に到着した。」「EはDの次に到着した。」
D 「私は最後に到着した。」「BはEの次に到着した。」
E 「私はAの次に到着した。」「AはCの次に到着した。」

　5人の発言の一方は事実であり，他方は事実ではないとすると，最初に到着した人として，正しいのはどれか。ただし，同着はないものとする。

1 A

2 B

3 C

4 D

5 E

各発言を表にして整理してみましょう。

A	「私はDの次に到着した。」 D → A	「CはEの次に到着した。」 E → C
B	「私はEの次に到着した。」 E → B	「Aは最後に到着した。」 ○→○→○→○→A
C	「私はBの次に到着した。」 B → C	「EはDの次に到着した。」 D → E
D	「私は最後に到着した。」 ○→○→○→○→D	「BはEの次に到着した。」 E → B
E	「私はAの次に到着した。」 A → E	「AはCの次に到着した。」 C → A

　Aの前半「D→A」とDの前半「○→○→○→○→D」は矛盾しています。つまり，どちらか一方だけが正しいことになるので，ここを手掛かりに検証を始めます。

　Aの前半が正しいとすると，Dの前半がうそですから，Dの後半「E→B」が正しいことになります。するとBの発言は，前半「E→B」が正しく，後半「○→○→○→○→A」はうそとなります。

　また，Aの発言の前半はEの発言の後半「C→A」とも矛盾しているので，Eの発言の後半はうそとなり，前半「A→E」が正しいことになります。さらに，Cの発言の後半「D→E」がうそとなるので，前半「B→C」が正しいことになります。よって，5人の事実を述べた発言をまとめると，以下のようになります。

> A 「私はDの次に到着した。」
> B 「私はEの次に到着した。」
> C 「私はBの次に到着した。」
> D 「BはEの次に到着した。」
> E 「私はAの次に到着した。」

　これらから，5人の到着の順番は，早い順からD→A→E→B→Cとわかります。よって，**④**が正解です。

　なお，Dの前半「Dが最後」を正しいと仮定すると，Bの後半「Aが最後」がうそとなり，Bの前半「E→B」が正しいことになります。そうすると，Dの後半「E→B」

も正しいことになってしまいますが，これは，Dの前半が正しいと仮定したことと矛盾します。

発言の一方が本当で，一方がウソ。この，ひねくれ者！（笑）　一人ひとりにつき，（本当，ウソ）（ウソ，本当）の2通りの組み合わせがあるから，その組み合わせの数は単純計算で，$2^5 = 32$通りもある。それを全部考える？　うーん，頭が痛くなってきた。こういうときは，とりあえず，①Aの前半＝本当，後半＝ウソと仮定していくと意外と芋づる式に解けることが多い。すると，②Cの後半がウソになるから，C前半＝本当が決まる。また，③Eの後半＝ウソ，前半＝本当も決まる。さらに④B後半＝ウソ，前半＝本当が決まり，最後に⑤D前半＝ウソ，後半＝本当も決まる。特に他の人の発言内容に矛盾はない！　そのときの順位は1位〜5位までDAEBCとなり，1位＝Dだ！　スッキリ（笑）！

正解 **4**

平成25年
国家一般職

制限時間 ⏳5分

問題演習
記録

うそつきが多数いる問題

問題4 体育館にいたA，B，C，図書館にいたD～Gの計7人が次のような発言をしたが，このうちの2人の発言は正しく，残りの5人の発言は誤っていた。正しい発言をした2人の組合せとして最も妥当なのはどれか。ただし，7人のうちテニスができる者は2人だけである。

A：「私はテニスができない。」
B：「テニスができる2人はいずれも図書館にいた。」
C：「A，Bの発言のうち少なくともいずれかは正しい。」
D：「Eはテニスができる。」
E：「Dの発言は誤りである。」
F：「D，Eの発言はいずれも誤りである。」
G：「図書館にいた4人はテニスができない。」

❶ A，C

❷ A，G

❸ B，F

❹ C，E

❺ E，G

　各発言が矛盾するもの（同時に成立しないもの）を探してみましょう。

B：「テニスができる2人はいずれも図書館にいた。」と，

G：「図書館にいた4人はテニスができない。」は，矛盾します。

　また，

D：「Eはテニスができる。」，

E：「Dの発言は誤りである。」，

F：「D，Eの発言はいずれも誤りである。」もすべてが同時には成立しません。

　ここで，**Gが正しいとすると，Bは誤った発言となります。**

　このとき，テニスができるのは体育館にいたA，B，Cのいずれか2人となります。

　A：「私はテニスができない。」が正しいとすると，Cも正しくなり，正しい発言をした者がA，C，Gの3人となってしまうので，**正しい発言をした者は「2人」という前提と矛盾してしまいます。**

　よって，**Aは正しい発言をしていないことが確定します。**したがって，Cも正しくないことになります。

　ここまでをまとめると，「G…○と仮定すると，A，B，C…×」となります。

　残ったD，E，Fのうちの1人が正しいことを言っていることになります。

　この3人は図書館にいるので，テニスができません。したがってDは誤りです。

　さらに「Dが誤り」と言っているEは正しく，「DもEも誤り」と言っているFは誤りとなります。

　以上より，正しい発言をしたのは，E，Gの2人と決まり，つじつまが合います。

　よって，正解は **5** です。

【別解】

　選択肢に注目すると，**どの選択肢にもDが登場していないことがわかります。**ここから，Dは正しい発言をしていないことが推測できます。つまり，「Eはテニスができない」となり，Eの「Dの発言は誤りである。」は正しいことになります。すなわち，正解を **4** か **5** に絞ることができます。

　さらに，問題文の「正しい発言をしたのは2人」という前提を踏まえると，「正しいのはCかGのいずれか」ですから，A，B，Fは正しくないことがわかります。AとBが正しくないとわかった時点でCも正しくないと決まるので，正しいのはG，つまり正解は **5** となります。

解答のポイント

　発言者が7人もいて，その中に正しい発言をした者は2人だから，単純にその組み合わせの数は，$_7C_2 = 21$通りもある。これを全部調べるわけにもいかないから，発言内容をよく読んでみよう。ウソつき問題では，まずは誰かの発言を「本当」か「ウソ」かに仮定しながら解いていくケースが多いけど，Aさんの発言は自分自身にしか言及してないので，話が広がらないよね。そこで，Bさんの発言に注目してみよう。Bさんの発言が本当だと仮定すると，A，B，Cはテニスができないことになり，A＝○，B＝○，C＝○と，ここで3人も正直者が出てしまい，条件に反する。よって，B＝ウソ が確定だ。また，Eの発言から，E＝○，D＝ウソ または，E＝ウソ，D＝○ のいずれかなので，F＝ウソ も確定だ。また，EかDのうち1人が○だから，Cの発言はウソになる（C＝○ とすると，C＋Aが○になってしまうから）。なので，A＝ウソ，C＝ウソ。この時点で選択肢は ❺ になるね。

正解 5

全員が同じことを言っている問題

 問題 5 5人の学生がおり，5人は常に正しいことを言う正直者か，常に誤ったことを言ううそつきのいずれかである。5人全員が「私だけが正直者である。他の人は全員うそつきである。」と発言している場合，確実に言えるのはどれか。

1 一人だけが正直者である。

2 一人だけがうそつきである。

3 全員が正直者である。

4 全員がうそつきである。

5 正直者とうそつきの人数を確定することはできない。

　5人全員が「私だけが正直者である。他の人は全員うそつきである。」と発言しています。正直者は常に正しいことを言い，うそつきは常に誤ったことを言うとされています。

　選択肢に注目すると，何人がうそつきなのか，正直者なのかという人数を聞いていることがわかります。

　この問題は，**うそつきを，「常に誤ったことを言う」と定義している**ところがポイントです。

　そこで，5人をA～Eとして，全員の発言を並べてみましょう。

A：「私だけが正直者である。他の人は全員うそつきである。」
B：「私だけが正直者である。他の人は全員うそつきである。」
C：「私だけが正直者である。他の人は全員うそつきである。」
D：「私だけが正直者である。他の人は全員うそつきである。」
E：「私だけが正直者である。他の人は全員うそつきである。」

　以上を前提にして，各選択肢を検討します。

【選択肢 ❶】

　Aだけが正直者だと仮定すると，B～Eは誤ったこと（本当はうそつきなのに私は正直者だと言い，Aは正直者なのに彼はうそつきであると言ったこと）を言っていることになります。

　したがって，確実にいえることになります。

【選択肢 ❷】

　正直者が4人で，うそつきが1人となりますが，「私だけが正直者である。他の人は全員うそつきである。」という発言と矛盾します。

【選択肢 ❸】

　正直者が5人となりますが，「私だけが正直者である。他の人は全員うそつきである。」という発言と矛盾します。

【選択肢 ❹】

　うそつきが5人となりますが，「他の人は全員うそつきである。」という発言が正しいことになってしまいますから，矛盾します。

【選択肢 ❺】

　選択肢 ❶ の検討結果より，正直者の人数は1人，うそつきは4人と確定します。

　以上，正直者が複数いると（選択肢 ❷，❸），明らかに矛盾が生じます。全員が

うそつきならば（選択肢 ④），発言内容に正しい部分が出てきてしまうので矛盾します。

　　ウソつきは常にウソをつき，正直者は常に正直。それは
わかっているけれど……，どうにも頭がこんがらがるね。
しかも，本問は5人が5人とも同じことを言っている。
うーん……。選択肢を見ると，どうやらウソつきの人数が
問題のようだ。今回は全員同じ発言なので，誰の発言でも
いいんだけど，まずは一人目を A さんとして，A さんの発
言を仮定してみよう。A が正直者なら，A 以外の4人は全
員ウソつきとなる。この発言に基づいて，他の B〜E の発
言を見てみると，どの人も「私は正直者」と言っているし，
A さんという「正直者が他の人の中にいる」から確かにウ
ソの発言になるので，特に矛盾はない。もちろん，これは
A さんでなくてもいいよね。ただし，正直者を2人にする
と，発言内容に矛盾が出てくる。だから，正解は ① だ！

正解 **1**

グループ分け

　うそつきグループ2人と正直者グループ2人の2グループ4人を考えます。正直者はうそつきを「うそつき」と呼び，うそつきは正直者を「うそつき」と呼びます。正直者は仲間の正直者を「正直者」と呼び，うそつきは仲間のうそつきを「正直者」と呼びます。ここから導き出される法則があります。

　特定の誰かが特定の誰か（1人）を指して，「誰それはうそつきである」と言った場合，言った人間と言われた人間はグループが異なります（一方が正直者なら他方はうそつきということです）。

　特定の誰かが特定の誰か（1人）を指して，「誰それは正直者である」と言った場合，言った人間と言われた人間はグループが同じです。

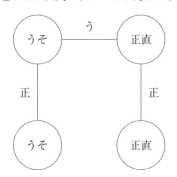

　これに基づいて場合を分け，検討するとよいです。

暗号問題

五十音表①

> **問題1** ある暗号で「カエデ」が「BjAdDq」，「フユヅタ」が「FbHℓDrDt」で表されるとき，同じ暗号の法則で「HnGeCkBhIo」と表されるのはどれか。

1 「マメザクラ」

2 「ミネザクラ」

3 「ミネズオウ」

4 「ヤマザクラ」

5 「ヤマボウシ」

暗号を見ると，アルファベットの大文字と小文字の組合せでカナ1文字をあらわしているのがわかります。そこで，**五十音表**を作ってみましょう。

問題文に出ている暗号を見ると，大文字はA，B，D，F，H，…と種類はそれほど多くありません。対して小文字はd，j，q，b，…など多種に及んでいます。そこで，大文字を五十音の「行」と考え，小文字はアから順にa，b，c，…，zと割り振ってみると，下の表のようになります。小文字に関しては，下に向かって降りたら隣の行に移り，上に登っていく…を繰り返すイメージです。

A	B	C	D	E	F	G	H	I	J
ア a	カ j	サ k	タ t	ナ u	ハ d	マ e	ヤ n	ラ o	ワ x
イ b	キ i	シ l	チ s	ニ v	ヒ c	ミ f	イ m	リ p	イ w
ウ c	ク h	ス m	ツ r	ヌ w	フ b	ム g	ユ l	ル q	ウ v
エ d	ケ g	セ n	テ q	ネ x	ヘ a	メ h	エ k	レ r	エ u
オ e	コ f	ソ o	ト p	ノ y	ホ z	モ i	ヨ j	ロ s	ヲ t

この表に基づいて暗号「H*n*G*e*C*k*B*h*I*o*」を解くと，「ヤマサクラ」となり，正解が❹とわかります。濁音は，「カエデ」，「フユヅタ」から，「3文字目は濁音」というルールと考えればよいでしょう。

解答のポイント

「フユヅタ」ってどんな植物だろうって気になって調べてみたら，なんでも高いところに這い上っていくツタらしい。ふーん……。おっと，話が逸れてしまった。

字数からみて，この暗号は「アルファベット大文字＋小文字→カナ1文字」をあらわしているね。つまり2文字と1文字が対応しているってことになる。まあ，こういうときに真っ先に思いつくのは五十音表だ。五十音表は，行と段で構成されているから2文字→1文字対応には利用されやすい。詳しくは解説を見てほしいけど，小文字の動きがちょっと，変則的だよね。上って降りて……。あ，これってツタだから？　なーんて，関係ないか。（笑）

正解 **4**

重要度 **B**

平成24年
裁判所職員

制限時間 ⏳**5分**

問題演習
記録

1回目 / □　2回目 / □　3回目 / □

五十音表②

> **問題2**　図のような表を用いて，言葉を表すことにする。例えば「(B, a)，(D, c)，(A, e)」は「かつお」を表す。今，AからEまでに1から5までの異なる数を割り当て，aからeまでにも1から5までの異なる数を割り当てる。このとき，「(4, 2)，(1, 2)，(3, 2)」「(5, 2)，(1, 5)，(5, 4)」「(4, 4)，(1, 4)，(5, 4)」「(5, 3)，(2, 3)，(3, 2)」はそれぞれ「悪意」，「大人」，「魚」，「敷居」のいずれか一つを表すとする。「高地」を表すのはどれか。

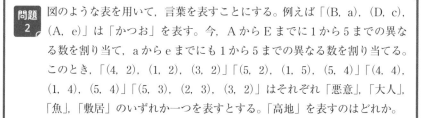

	A	B	C	D	E
a	あ	か	さ	た	な
b	い	き	し	ち	に
c	う	く	す	つ	ぬ
d	え	け	せ	て	ね
e	お	こ	そ	と	の

1　(2, 2)，(4, 1)，(1, 5)

2　(4, 5)，(3, 4)，(5, 2)

3　(3, 1)，(1, 2)，(4, 3)

4　(5, 4)，(2, 3)，(3, 1)

5　(1, 3)，(5, 5)，(2, 4)

条件の数字と言葉を縦に並べて，共通点を探ってみましょう。

① （4，2），（1，2），（3，2）「悪意」……あぁ　くぅ　いぃ
② （5，2），（1，5），（5，4）「大人」……おぉ　とぉ　なぁ
③ （4，4），（1，4），（5，4）「魚」……さぁ　かぁ　なぁ
④ （5，3），（2，3），（3，2）「敷居」……しぃ　きぃ　いぃ

三文字のひらがなで**母音がすべて同じ**なのは，「魚」と「敷居」であり，3つのカッコ内の右側の数字が同じなのは①と③，つまり，①と③が「魚」と「敷居」のどちらかに対応することがわかります。

次に，①と②では，**最初のカッコ内の右側の数字が同じ**になっています。これは最初の文字の母音が同じである「悪意」と「魚」のどちらかに対応します。
このことから，①が「魚」であることが判明し，続いて③が「敷居」，②は「悪意」と確定します。したがって，残りの④は「大人」となります。

判明した事柄をもとにすると，右のような表ができます。

したがって，「高地」は，

　　　（1，3），（5，5），（2，4）

であらわされます。

	5	1	4	2	3
2	あ	か	さ	た	な
4	い	き	し	ち	に
5	う	く	す	つ	ぬ
1	え	け	せ	て	ね
3	お	こ	そ	と	の

解答のポイント

　問題文には50音表のうち，あ行～な行だけが出ている。2つの数字（○，□）のうち，○が行で□が段とは予想できるね。問題文の「あくい」「おとな」「さかな」「しきい」の中で，3文字とも段が変化しているのは「あくい」しかない。となると，□の数字がすべて異なっているのは「(5，2)(1，5)(5，4)」しかない。だから「あくい」＝「(5，2)(1，5)(5，4)」だ。ここで「あ行＝5，か行＝1」「あの段＝2」「うの段＝5」「いの段＝4」だということもわかる。次にいの段だけでできている文字「しきい」は「(4，4)(1，4)(5，4)」ということもわかる……というわけで，1つわかれば，次々と規則性がみえてくるね！

正解 **5**

"1" /

重要度
S

平成25年
特別区

制限時間 ⏳ **4分**

問題演習
記録

1回目 ／ □
2回目 ／ □
3回目 ／ □

二進法

> **問題3** ある暗号で「DOG」が「100000，10101，11101」，「FOX」が「11110，10101，1100」で表されるとき，同じ暗号の法則で「100001，100011，10000」と表されるのはどれか。

❶ 「ANT」

❷ 「BEE」

❸ 「CAT」

❹ 「COW」

❺ 「PIG」

暗号が 0 と 1 を用いた 2 進法であらわされているので，10進法に直して検討します。

「DOG：100000，10101，11101」を10進法に直すと「32，21，29」となり，「FOX：11110，10101，1100」を10進法に直すと「30，21，12」となります。

これらを**アルファベットの列**に書き直してみると，Z から A にかけて順番を数えあげているという規則性が判明します。

A	B	C	D	E	F	G	H	I	J	K	L	M
35	34	33	32	31	30	29	28	27	26	25	24	23
N	O	P	Q	R	S	T	U	V	W	X	Y	Z
22	21	20	19	18	17	16	15	14	13	12	11	10

問われている暗号「100001，100011，10000」を10進法に直すと，「33，35，16」となり，「CAT」とわかります。

〔別解〕

下記のように，アルファベットを書きあげたものに，与えられた条件（「DOG」「FOX」）にそれぞれ該当する暗号を書いてみます。F と G の連続に注目すると，アルファベットの順番が進むごとに数が小さくなっていくことがわかります。

問題の「100001」と「100011」は 6 ケタなので，A・B・C のいずれかです。よって，答はこの 2 文字を両方とも含む「CAT」と決まります。

解答のポイント

　暗号問題って時々すっごく，イジワルな問題もあったりするから，嫌いなんだけど（笑），この問題は，暗号の中に 1 と 0 しか登場しないから，わかりやすいね。そう！「2 進法」だ。ただ，本問がやっかいなのは，単純に 1，2，3 ＝ A，B，C ……と対応しているわけではなさそうだ。解説文を見てもらうとわかるけど，Z ＝ 10 として，あとは，Z → A に向かって数字が 1 つずつ増えていく。暗号の問題で n 進数を利用することは多いから，よく練習しておこう。

正解 **3**

アルファベットの変換

> **問題4** ある規則に従うと,
> 「QUIZ」は「34, 44, 14, 50」
> 「JUMP」は「10, 44, 24, 33」
> 「AVENUE」は「00, 40, 04, 20, 44, 04」
> 「FRANK」は「11, 30, 00, 20, 22」とそれぞれ表される。
> この規則に従うと「SCHOOL」を表すものはどれか。

①　「31, 02, 12, 21, 21, 13」

②　「31, 02, 13, 21, 21, 23」

③　「32, 01, 13, 21, 21, 12」

④　「32, 03, 12, 21, 21, 13」

⑤　「42, 02, 13, 21, 21, 23」

まずは，与えられた条件を書き出してみましょう。

A	B	C	D	E	F	G	H	I	J	K	L	M	N	O	P	Q	R	S	T	U	V	W	X	Y	Z
00				04	11			14	10	22			24	20	33	34	30			44	40				50

A－E間，F－J間，およびそれ以降をみてみると，5つごとに十の位が変わっていることがわかります。また，**それぞれのブロックの先頭の1の位が1つずつずれていることにも気付くでしょう**。これで表を埋められます。

A	B	C	D	E	F	G	H	I	J	K	L	M	N	O	P	Q	R	S	T	U	V	W	X	Y	Z
00	01	02	03	04	11	12	13	14	10	22	23	24	20	21	33	34	30	31	32	44	40	41	42	43	50

SCHOOL ＝ 31, 02, 13, 21, 21, 23

解答のポイント

2桁の数字とアルファベット1文字が対応している暗号だね。まずは，Aから順番にアルファベットを並べてみて，問題文にある暗号の数字を書き込んでみよう。そこから先は，規則性の発見だね！　そうすると，5文字ずつ区切ることで一定の規則性があらわれることに気付くかな？　暗号の問題は，作成者が作った規則性に気付けるかどうかの勝負だ！　楽しんで解いていこう！

正解 **2**

50音表対応

行と段に識別記号を振り，座標形式で音を特定していくものです。与えられた条件の読み方，解き方に注意します。定積分の区間を示す数字，漢字の画数，記号を用いる場合などもあります。

	1	2	3	4	5
1	あ	い	う	え	お
2	か				
3	さ				
4	た				
5	な				
6	は				
7	ま				
8	や				
9	ら				
10	わ				

例）上の表で，「め」は「74」ないし「47」とあらわされます。

アルファベット対応1

アルファベットの帯がずれて対応しているものです（通常「シーザー暗号」と呼ばれます）。

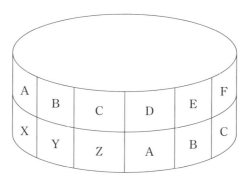

※アルファベットが逆向きに並んでいるものもあります。

アルファベット対応 2

アルファベットと数字が対応しているものです（2進数や3進数のこともあります）。

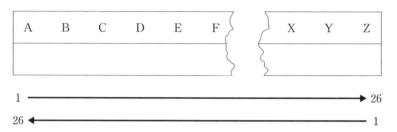

1 ———————————————→ 26

26 ←——————————————— 1

※上記の他，A1 → M13，N26 ← Z14 などがあるが，条件（ヒント）を見落とさなければ，規則性は比較的簡単に見破れる場合が多い。

 ## 配列

5×5のマトリックスに，アルファベットなどが何らかの規則性を持って配列されているものです。渦巻き型（下図）などがあります。

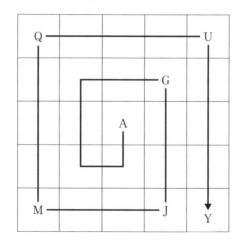

セクション
4

順序関係

重要度 **A**

平成30年
特別区

制限時間 ⏳ **5分**

問題演習
記録

1回目 ✓ ☐　2回目 ✓ ☐　3回目 ✓ ☐

数量の大小

問題1 A～Fの6人の体重について，次のア～オのことが分かっているとき，確実にいえるのはどれか。

ア　Aより体重が重いのは2人である。
イ　AはEより2kg軽い。
ウ　BはEと4kg違うが，Aより重い。
エ　CとDは3kg違う。
オ　CはFより7kg重く，Eとは4kg違う。

❶ AはDより7kg以上重い。

❷ BはFより10kg以上重い。

❸ CはEより2kg以上重い。

❹ DはFより10kg以上軽い。

❺ EはDより7kg以上軽い。

A～Eの体重の大小関係を式にあらわしてみましょう。

アより，○，○＞A　……①

イより，$A = E - 2$　つまり，$E = A + 2$　……②

ウより，$B = E \pm 4$，また，$B > A$　……③

エより，$C = D + 3$　……④

オより，$C = F + 7$　また，$C = E \pm 4$　……⑤

①，②，③より，Aよりも重いのはB，Eの2人であることがわかります。これらをもとにすると，次のような図が作れます。1マスが1kg差をあらわします。

軽										重
F			D		C	A	E			B

この図を利用して，選択肢を検証します。

❶：AはDより5kg重いので，誤り。

❷：BはFより15kg重いので，正しい。

❸：CはEより4kg軽いので，誤り。

❹：DはFより4kg重いので，誤り。

❺：EはDより7kg重いので，誤り。

セクション 4 順序関係

解答のポイント

　数量の差はわかっているけど，すべての大小関係がわかっているわけじゃない。こういう時に便利なのが数直線だ。数直線なら，差さえわかっていれば，ある程度位置を決めやすい。考察中に大小関係が判明したときもすぐに位置の変更がきくしね。全体を一度に見渡せるのもいい。それにしても，こんなにいろいろ体重を比べられたら，自分なら嫌だなー（笑）。もしかしたら，この6人は減量中のボクサーなのかな。それなら納得！

正解 2

重要度 S

平成26年
裁判所職員

制限時間 ⏳ 6分

問題演習
記録
1回目 ／ ☐
2回目 ／ ☐
3回目 ／ ☐

差だけが与えられている問題

> 問題2
>
> ある国のサッカー・リーグにおいて，上位5チームA～Eについて次のア～オのことが分かっているとき，首位のチームと4位のチームの勝ち点差が最も大きい場合はどれか。なお，複数のチームの勝率が同率となり，同順位となることもある。
>
> ア　AとBの勝ち点差は3である。
> イ　BとCの勝ち点差は4である。
> ウ　CとDの勝ち点差は2である。
> エ　DとEの勝ち点差は6である。
> オ　EとAの勝ち点差は3である。

1 Aが（同率）首位である場合。

2 Bが（同率）首位である場合。

3 Cが（同率）首位である場合。

4 Dが（同率）首位である場合。

5 Eが（同率）首位である場合。

数値の差だけが与えられている場合は，樹形図を書くのが有効です。

ひとまず，Cを基準（勝ち点±0）と仮定します。

条件イより，Bの勝ち点は＋4か−4の2通りが考えられます。

このそれぞれについて条件アをあてはめると，Aの勝ち点は，Bが＋4のとき＋7，＋1，Bが−4のとき−1，−7の，合計4通りが考えられます。

一方，条件ウよりDの勝ち点は＋2か−2。さらに，条件エよりEの勝ち点は，Dが＋2のとき＋8，−4，Dが−2のとき＋4，−8の，合計4通りが考えられます。

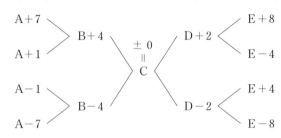

上図のうち，条件オを満たすのは，① Aが＋7，Eが＋4　② Aが＋1，Eが＋4　③ Aが−1，Eが−4　④ Aが−7，Eが−4の4通りあります。それぞれについて，1位と4位の勝ち点差を検討します。

	1位	2位	3位	4位	5位	1位と4位の勝ち点差
①	A（+7）	BとE（+4）		C（±0）	D（−2）	7
②	BとE（+4）		A（+1）	C（±0）	D（−2）	4
③	D（+2）	C（±0）	A（−1）	BとE（−4）		6
④	D（+2）	C（±0）	BとE（−4）		A（−7）	6

以上より，1位と4位の勝ち点差が最大になるのはAが1位の場合です。

解答のポイント

　解説文だとC＝0として樹系図を作っている。

　ウの条件からDは＋2と−2の2通りの可能性がある。さらに，イの条件からBは＋4と−4の2通りの可能性がある。エの条件から，Eは＋2＋6＝＋8，＋2−6＝−4，−2＋6＝＋4，−2−6＝−8の4通りある。というぐあいにして，E，Aが決まっていく。

　C以外でも，例えばA＝0としても樹系図は作れるから，試してごらん。

正解 **1**

セクション **4** 順序関係

重要度 S

平成25年
東京都

制限時間 ⏳5分

問題演習
記録

1回目 ／□ 2回目 ／□ 3回目 ／□

順序問題

 問題 3 　A～Gの7つの中学校が出場した合唱コンクールの合唱の順番及び審査結果について，次のア～カのことが分かった。

ア　A校とD校の間に4つの中学校が合唱した。
イ　B校はE校の1つ前に合唱した。
ウ　C校とF校の間に2つの中学校が合唱した。
エ　D校はC校の次に合唱した。
オ　E校とG校の間に3つの中学校が合唱した。
カ　5番目に合唱した中学校が最優秀賞を受賞した。

　以上から判断して，最優秀賞を受賞した中学校として，正しいのはどれか。

❶ B校

❷ C校

❸ E校

❹ F校

❺ G校

条件ア〜オより明らかになる順番を図であらわすと，以下のようになります。

（○は未確定の中学校をあらわします）

条件ア：A→○→○→○→○→D ……① または， D→○→○→○→○→A ……②

条件イ：B→E

条件ウ：C→○→○→F または， F→○→○→C

条件エ：C→D

条件オ：E→○→○→○→G または， G→○→○→○→E

ここで，同じ学校名を含む条件に注目しましょう。条件イと条件オより，B→E→○→○→○→G ……③ または， G→○→○→○→B→E ……④

条件ウと条件エより，C→D→○→F ……⑤ または， F→○→○→C→D ……⑥

①〜⑥を組み合わせて，7つの中学校の順番を確定させます。

①と⑥のDを揃えて，④の2番目に①のAがくるように並べると，矛盾なく順番が決まります。

A→○→○→○→○→D ……①

F→○→○→C→D ……⑥

G→○→○→B→E ……④

1番目から順にG→A→F→B→E→C→Dとなり，条件カより最優秀賞を受賞したのは5番目のE校となります。

解答のポイント

与えられた条件をパーツ化してあらわしてみる。例えば，アの条件からは，A○○○○DかD○○○○Aだよね。他の条件も同様にパーツ化してみて，それを1〜7の番号の中にうまく埋め込んでいく。AとDだけでも6校分の幅をとるわけだから，(A, D) = (1, 6) (2, 7) (6, 1) (7, 2) の4通りを考えればいい。もちろん，4通り全部を考えなくても途中で条件を満たすパターンがみつかればいいわけだ。気楽にいこう！

正解 **3**

セクション **4** 順序関係

重要度
B

平成21年
特別区

制限時間 ⏳ 4分

問題演習
記録

1回目 ／ □
2回目 ／ □
3回目 ／ □

2グループの順位問題

問題4 A〜Dの4人のグループとE〜Hの4人のグループとがあり，それぞれのグループから1人ずつ選び，2人1組でボウリングの試合を行った。今，試合の結果及び組合せについて，次のア〜カのことが分かっているとき，確実にいえるのはどれか。

ア　AとEは，同じ組であった。
イ　BとFは，同じ組ではなく，どちらも優勝していない。
ウ　Cは，3位の組であった。
エ　Dは，Gより下位の組であった。
オ　Hは，4位の組であった。
カ　同順位の組はなかった。

① Aは，2位の組であった。

② Bは，4位の組であった。

③ Gは，3位の組であった。

④ CとGは，同じ組であった。

⑤ DとHは，同じ組であった。

4人グループが2つあり，各グループから1人ずつの4組で試合をしています。条件カより，同じ順位になる組はないので，順位は1位から4位に分かれます。

まず，A～Dのグループ内で考えましょう。

条件ウよりCは3位，条件イよりBは2位以下，条件エよりDも2位以下ですから，優勝したのはA（AとEの組）であると決まります（表1）。

表1	1位	2位	3位	4位
A～D	A		C	
E～H	E			H

次に，D（2位か4位）に注目すると，条件エよりDの上位にGがくることになります。このときDが2位だとするとGが優勝したことになってしまいますが，優勝はAとEですから，これはあてはまりません。

表2	1位	2位	3位	4位
A～D	A	B	C	D
E～H	E			H

したがって，Dは4位とわかり，残りの2位はBと決まります（表2）。

最後に，E～Hのグループの残りを考えると，条件イより，BとFは同じ組ではないので，Gが2位の組，Fが3位の組と判明します。

表3	1位	2位	3位	4位
A～D	A	B	C	D
E～H	E	G	F	H

これで，各組の組合せと順位が確定します（表3）。

表3をもとに，選択肢を検討すると，

選択肢 **5**：DとHは同じ組なので，正しい。

解答のポイント

本問はA～DグループとE～Hグループの中からそれぞれ1人ずつ選んで，2人1組の組み合わせと，更に試合での順位に関しても考えなければいけない問題だ。アの条件から（A，E）という組はすぐわかるけど，他の組はすぐには決まらないよね。でも1位の組が誰なのかを考えると，B×，C×，D×となり，（A，E）＝1位とわかるよね。また，次に2位は誰なのかを考えると，A×，C×，D×より，B＝2位が決まるし，E×，F×（Bと同じ組ではないから），H×より，（B，G）＝2位が決まる。残りは（C，F）＝3位，（D，H）＝4位と続いて決まってくる。誰が何位で，誰と同じ組なのかを考える際に消去法で探すとわりとすぐに見つかるね。

セクション **4** 順序関係

正解 **5**

重要度 S

平成30年
裁判所職員

制限時間 ⏳ 5分

問題演習
記録

1 回目 ／ □　2 回目 ／ □　3 回目 ／ □

順位問題①

 問題
5

A～Dの4人は水泳の選手で，自由形と平泳ぎの2種目で順位を争った。

ア　自由形も平泳ぎも1位から4位までの順位がついた。

（同種目において，同順位の者はいない）

イ　Aの自由形の順位はBより2位上で，平泳ぎで2位だった者よりも上位だった。

ウ　Dの平泳ぎの順位はCより1位上で，自由形で2位だった者よりも2位上だった。

エ　自由形，平泳ぎともに4位だった者はいない。

以上のことがわかっているとき，確実に言えるものはどれか。

❶ 2種目ともに1位だった者がいる。

❷ 2種目のうち一方が1位で他方が4位の者がいる。

❸ Bは自由形で3位だった。

❹ 自由形のDの順位はAより1位上だった。

❺ 平泳ぎのCの順位はBより1位下だった。

順位の表を作って，考えましょう。

条件イの前半「Aの自由形の順位はBより2位上」より，

    (1)　Aは自由形で2位，Bは自由形で4位，または，

    (2)　Aは自由形で1位，Bは自由形で3位のどちらかになります。

(1)の場合を考えます（右表）。

条件ウの後半「Dの平泳ぎの順位は自由形で2位だった者よりも2位上」より，Dの平泳ぎの順位は1位か2位になるので，ここでは2位にしてみます。

	1	2	3	4
自由形		A		B
平泳ぎ				

条件ウの前半「Dの平泳ぎの順位はCより1位上」より，平泳ぎはCが3位とわかります。また，条件イの後半「Aの自由形の順位は平泳ぎで2位だった者（D）よりも上位」より，Dは自由形で3位と決まります。

	1	2	3	4
自由形		A	D	B
平泳ぎ		D	C	

この時点で自由形の1位がCと決まり，さらに，条件エ「両種目ともに4位だったものはいない」より，Bの平泳ぎの順位が1位，残った平泳ぎの4位はAと，すべての順位が決まります。

	1	2	3	4
自由形	C	A	D	B
平泳ぎ	B	D	C	A

この表をもとに，選択肢を検討します。すると，選択肢の中で **2** が残ります。

2種目のうち一方が1位で他方が4位の者は，Bが当てはまるため，正解は **2** です。

セクション 4 順序関係

解答のポイント

順位の問題としては，ごくごくオーソドックスな問題かな。まず，順位表を作ってみてアの条件から自由形→A○Bとなるから（A＝1位，B＝3位）（A＝2位，B＝4位）のいずれかだね。また，ウの条件から平泳ぎ→DCと続くし，D○（自由形の2位）ということもいえる。まぁ，とりあえず，アの条件から，考えられるどちらかのパターンで，表を作り始めてみる。あとは，試行錯誤しながら，条件を満たすパターンを作るしかない！　セオリーどおりの，ど直球問題。（笑）

正解 **2**

順位問題②

 問題 6　A〜Fの6人がマラソンをした。コースの中間にあるX地点とゴール地点での順位について，次のア〜キのことが分かっているとき，最後にゴールしたのは誰か。

ア　Bは，X地点を4位で通過した。

イ　Fは，X地点を6位で通過した。

ウ　BとDとの間には，X地点でもゴール地点でも，誰も走っていなかった。

エ　EのX地点での順位とゴール地点での順位は，変わらなかった。

オ　Fのゴール地点での順位は，CとDとの間であった。

カ　X地点を1位で通過した者は，4位でゴールした。

キ　X地点を5位で通過した者は，2位でゴールした。

❶ A

❷ B

❸ C

❹ D

❺ E

まず，条件を把握しましょう。なお，以降の図・式では，ゴール地点をG，順位の上位・下位を不等号で（上位＜下位）とあらわすことにします。また，連続した順位はA－Bのようにあらわします。

条件ア・イより，X地点ではBが4位，Fが6位です。

条件ウより，X地点，G地点ともB－D　または　D－Bです。

条件エより，Eの順位はX地点，G地点とも同じです。

条件オより，G地点での順位はC＜F＜D　または　D＜F＜Cです。

条件カ・キより，X地点で1位の者はG地点で4位，X地点で5位の者はG地点で2位です。

以上をまとめると，右のようになります。

ここで，条件エに着目すると，EがX地点とG地点で同順位になれるのは，3位しかありません。したがって，EのX地点とG地点の順位は3位と判明します。

X地点	1位	2位	3位	4位	5位	6位
				B		F

G地点	1位	2位	3位	4位	5位	6位

X地点の3位がEであることと条件ウから，X地点の5位はDと決まります。同時に，条件キからG地点の2位はDであることが決まり，更に条件ウから，G地点の1位がBとわかります。

次に，条件オに着目すると，G地点でDがすでに2位と確定していることから，D＜F＜Cであることが判明します。

X地点	1位	2位	3位	4位	5位	6位
	A	C	E	B	D	F

X地点で，ここまでで判明していないのはAとCです。

G地点	1位	2位	3位	4位	5位	6位
	B	D	E	A	F	C

条件オ「G地点ではD＜F＜C」より，G地点でCが4位になることはありません。したがって，G地点の4位・X地点の1位はAと確定します。

したがって，G地点の5位はF，6位はCと確定します。

解答のポイント

X地点とゴールの2か所の順位に関する条件が与えられている問題だね。よくあるタイプだ。最初に順位表を作って整理していこう。あとは，ピースを当てはめるようなイメージで表を完成させよう！

正解 **3**

重要度 B

平成23年
国家Ⅱ種

制限時間 ⏳ 5分

問題演習
記録

1回目 ／ □
2回目 ／ □
3回目 ／ □

順位問題③

問題7　A～Dの水泳部の4人が，自由形，背泳，平泳ぎ，バタフライの4種目で競泳をし，種目ごとに1位～4位の順位を決めた。次のことが分かっているとき，確実にいえるのはどれか。ただし，いずれの日も同順位はなかったものとする。

○　4人ともいずれかの種目で1位を獲得した。
○　AがDより上位だったのは2種目だった。
○　Aは，自由形で背泳より順位が二つ上だった。
○　Bは，バタフライで背泳より順位が二つ上だった。
○　Cは，自由形で平泳ぎより順位が二つ上だった。
○　Dは，バタフライで平泳ぎより順位が一つ上だった。

❶　Aは平泳ぎで3位だった。

❷　Bは背泳で4位だった。

❸　Cは平泳ぎで3位だった。

❹　Dはバタフライで2位だった。

❺　4人ともいずれかの種目で4位になった。

与えられた条件を上から1〜6とします。

特徴のある条件は，条件3〜5の「順位が二つ上だった」です。これは，1位と3位か，2位と4位の2通りの組合せが存在します。そこで，条件3について，

  (1) Aの自由形が1位で背泳が3位で
    ある場合 と，
  (2) Aの自由形が2位で背泳が4位で
    ある場合 を，

それぞれ検討します。

条件3〜6をまとめたのが表1です。「順位

表1	A	B	C	D
自由形	◎		◎	
背泳	○	○		
平泳ぎ			○	◆
バタフライ		◎		◇

が二つ上だった」の上位を◎，下位を○であらわし，「順位が一つ上だった」の上位を◇，下位を◆としてあらわします。

〈Aの自由形1位，背泳3位の場合〉

自由形ではAとCが◎で，背泳ではAとBが○で重なるので，同じ種目で順位が重ならないようにします。

自由形の1位はAですから，Cの自由形は2位，平泳ぎは4位とわかります。次に，Aの背泳が3位ですから，Bの背泳は4位，バタフライは2位と判明します。

次に，Dのバタフライと平泳ぎに着目します。

バタフライでBと重ならないのは1位（平泳ぎ2位）か3位（平泳ぎ4位）ですが，平泳ぎの4位はCと重なってしまうので，Dのバタフライは1位で平泳ぎは2位とわかります。

さらに，条件1「4人ともいずれかの種目で1位」より，Bは平泳ぎで1位，Cは背泳で1位になったことがわかります。このことからDの背泳は2位，Aの平泳ぎは3位であることが確定します（表2）。

表2	A	B	C	D
自由形	1		2	
背泳	3	4	1	2
平泳ぎ	3	1	4	2
バタフライ		2		1

ここで，条件2「AがDより上位だったのは2種目」に着目すると，Aは背泳と平泳ぎにおいてDより下位で，更にDはバタフライで1位と確定しているので，Aがバタフライでより上位になることはできません。

したがって，この仮定は矛盾していることがわかります。

〈Aの自由形2位，背泳4位の場合〉

表1を用いて，上記と同様に検討します。

・Aが自由形で2位（背泳で4位）
 →Cが自由形で1位（平泳ぎで3位）

・Aが背泳で4位→Bが背泳で3位（バタフライで1位）

・Dはバタフライで2位（平泳ぎ3位）か3位（平泳ぎ4位）

　Cが平泳ぎ3位なので，Dはバタフライ3位（平泳ぎ4位）

表3	A	B	C	D
自由形	2		1	
背泳	4	3		
平泳ぎ			3	4
バタフライ		1		3

　実は，この時点で選択肢 ❸「Cは平泳ぎで3位」が正解と判明します。

　念のため，最後まで解説を続けると，

　条件1より，Aは平泳ぎかバタフライで1位となりますが，バタフライの1位はBなので，Aは平泳ぎで1位と決まります。同様に，Dは背泳で1位と判明します。

　このことからBの平泳ぎは2位，Cの背泳は2位と決まります。

　次に，条件2より，Aは自由形と平泳ぎがDより上位ですから，AはバタフライでDの下位である4位となり，Cのバタフライは2位と判明します（明らかになるのはここまでで，BとDの自由形の3位，4位の確定はできません）。

表4	A	B	C	D
自由形	2		1	
背泳	4	3	2	1
平泳ぎ	1	2	3	4
バタフライ	4	1	2	3

　判断推理で条件の中に数字が関係している問題は，「数字の変化の大きいものから考える」がセオリーだ。本問の場合，Aに関しては「自由型が背泳より順位が二つ上」なので，（自由型，背泳）＝（1位，3位）か（2位，4位）のいずれかだ。さらにBは，バタフライで背泳より順位が2つ上なので，もし，Aが背泳3位なら，Bは背泳4位ということになる。ここをきっかけとして，あとは場合分けして考えよう。すべての条件を満たすときに正解が決まるから，条件は1つ残らず見逃さないように刮目せよ！

正解 3

重要度
S

順位の推移

 A から E の五つの部からなる営業所で，7月〜9月の各部の売上高について調べ，売上高の多い順に1位から5位まで順位をつけたところ，次のことが分かった。

ア　A 部と B 部の順位は，8月と9月のいずれも前月に比べて一つずつ上がった。

イ　B 部の9月の順位は，C 部の7月の順位と同じであった。

ウ　D 部の8月の順位は，D 部の7月の順位より二つ下がった。

エ　D 部の順位は，E 部の順位より常に上であった。

オ　E 部の順位は，5位が2回あった。

以上から判断して，C 部の9月の順位として，確実にいえるのはどれか。ただし，各月とも同じ順位の部はなかった。

① 　1位

② 　2位

③ 　3位

④ 　4位

⑤ 　5位

セクション
④
順序関係

右のような表をつくって考えましょう。

条件ウ「Dの8月の順位は7月より2位下」、条件エ「Dは常にEより上位」を合わせて考えると、

(1) Dは7月が1位で、8月が3位

(2) Dは7月が2位で、8月が4位

のどちらかになります。(条件エより、Dが5位になることはありません)

	1位	2位	3位	4位	5位
7月					
8月					
9月					

(1)であると仮定します（右表）。

条件イ「Cの7月とBの9月は同じ順位」、条件オ「Eは5位が2回」を合わせて考えると、Cの7月の順位は、2位・4位のどちらかになります。Cの7月の順位が2位の場合、Bの9月の順位が2位となります。このとき、条件ア「AとBは7月→8月→9月と順位を一つずつ上げた」より、Bの8月の順位は3位になるはずですが、8月の3位はDですから、条件を満たすことができません。

Cの7月の順位が4位の場合、Bの9月の順位が4位ですから、やはり条件アを満たすことができません。したがって、この仮定は誤りです。

	1位	2位	3位	4位	5位
7月	D				
8月			D		
9月					

そこで、(2)であると仮定します（右表）。

(1)と同様に考えると、条件イと条件オより、Cの7月（Bの9月）の順位は、1位か3位となります。

Cの7月の順位が3位の場合、Bの9月の順位が3位となります。さらに、Bの8月の順位は4位になるはずですが、8月の4位はDなので、つじつまが合いません。

	1位	2位	3位	4位	5位
7月		D			
8月				D	
9月					

したがって、Cの7月の順位が1位と決まります。この場合、Bの9月の順位が1位となり、条件アからBは8月が2位、7月が3位と、矛盾なく収まります。また、条件アからは、Aの7〜9月の順位も決まります。

この結果、7月の5位は残ったEと決まり、条件エ「Dは常にEより上位」から、8月の5位がEと決まり、同時に、8月の1位がCと決まります。

	1位	2位	3位	4位	5位
7月	C	D	B	A	
8月		B	A	D	
9月	B	A			

	1位	2位	3位	4位	5位
7月	C	D	B	A	E
8月	C	B	A	D	E
9月	B	A			

9月の3〜5位はC，D，Eのいずれかになりますが，条件オ「Eは5位が2回」より，5位はEではありません。

また，条件エ「Dは常にEより上位」より，Eは3位でもないので，Dが3位，Eが4位，Cが5位と決まります。

	1位	2位	3位	4位	5位
7月	C	D	B	A	E
8月	C	B	A	D	E
9月	B	A	D	E	C

以上より，Cの9月の順位は5位と決まります。

解答のポイント

　順位の問題は，表を作って整理していくけど，どの条件から考えるかというと，変化量の大きいところから考えるっていうのがセオリーだ。

　例えば，本問でいえばウの条件に「8月の順位は7月の順位より二つ下がった」っていうのがあるよね。この二つっていうのは，他の条件と比べてみても変化量が大きいだろう。そもそも今回の順位は1位から5位までしかないんだから，エの条件も考慮に入れて，二つ下がるとしたら，1位→3位か，2位→4位しかないよね。そうなれば，あとは場合分けしていけばいい。考えるきっかけは「変化量の大きいところから！」。わかったかな？

正解 **5**

「確実にいえること」

　まずは，与えられた条件をもとに，パーツ化します（それによって，視覚的に整理しやすくなる）。

　それをパズルのように組み替えながら，条件に合うパターンを作り出します。条件に合うパターンは1つとは限りませんが，その中で，「共通していえること」それが，「確実にいえること」です。

セクション
5

対応関係

重要度 S

平成30年
国家専門職

制限時間 6分

問題演習
記録

1回目 □ 2回目 □ 3回目 □

対応関係①

問題1　A, B, Cの3人が, 三毛猫, トラ猫, 黒猫, 白猫, ぶち猫の5匹の猫を飼っている。次のことが分かっているとき, 確実に言えるのはどれか。
ただし, 2人以上で同じ猫を飼わないものとする。

○それぞれの猫の好物は, マグロ, チーズ, またたび, かつお節, 海苔のいずれか一つであり, 好物が同じ猫はいない。
○Aは, 三毛猫ともう1匹の猫を飼っており, 三毛猫でない方の猫の好物はチーズである。
○Bは猫を1匹飼っている。
○Cが飼っている猫の中には, 海苔が好物の猫がいる。
○トラ猫, 黒猫, 白猫の飼い主はそれぞれ異なる。
○白猫の好物は, かつお節である。
○トラ猫の好物は, チーズでも海苔でもない。

1　Bは, 白猫を飼っている。

2　Cはトラ猫とぶち猫を飼っている。

3　Cは, 海苔が好物のぶち猫を飼っている。

4　三毛猫の好物は, マグロである。

5　黒猫の好物は, チーズではない。

対応関係の問題ですから，対応表を作り，条件を表に書き込んでいきましょう。

2番目の条件からAは2匹，3番目の条件からBは1匹飼っているので，Cは $5-(2+1)=2$（匹）飼っていることがわかります。

	三毛猫	トラ猫	黒猫	白猫	ぶち猫	
A	○					2匹
B	×					1匹
C	×					2匹
マグロ				×		
チーズ	×	×		×		
またたび				×		
かつお節	×	×	×	○	×	
海苔		×		×		

5番目の条件より，トラ，黒，白はA，B，Cのいずれかですが，2番目の条件より，Aの三毛猫以外の1匹はチーズが好きなので，6番目と7番目の条件から，トラでも白でもありません。つまり，黒猫と決まります。

また，Bはトラか白のどちらか1匹なので，ぶち猫は飼ってないことになります。したがって，ぶち猫を飼っているのはCと決まります。

	三毛猫	トラ猫	黒猫	白猫	ぶち猫	
A	○	×	○	×	×	2匹
B	×		×		×	1匹
C	×		×		○	2匹
マグロ			×	×		
チーズ	×	×	○	×	×	
またたび			×	×		
かつお節	×	×	×	○	×	
海苔		×	×	×		

4番目の条件からCが飼っている猫の中には，海苔が好物の猫がいますが，6番目と7番目の条件から，これはトラでも白でもないので，ぶち猫に決まります。

	三毛猫	トラ猫	黒猫	白猫	ぶち猫	
A	○	×	○	×	×	2匹
B	×		×		×	1匹
C	×		×		○	2匹
マグロ			×	×	×	
チーズ	×	×	○	×	×	
またたび			×	×	×	
かつお節	×	×	×	○	×	
海苔	×	×	×	×	○	

この時点で，「C は海苔が好物のぶち猫を飼っている」が成立するので，正解は ❸ とわかります。

解答のポイント

猫も可愛いね。あの自由奔放な感じがいいよね。さて，本問は A，B，C の 3 人の飼い猫の話。表を作って条件を書き込む。次に条件より，トラ，黒，白の飼い主はそれぞれ異なるということだから，3 匹のうち A が飼っている猫を考えると，好物がチーズということで，そうなると黒猫しかいないよね。また，B もトラか白を飼っているはずなので，ぶちは飼わない……となると，トラまたは白のどちらかとぶちは C が飼っていることになり，しかもぶちは海苔が好き。となって，選択肢 ❸ が正解だね。

正解 3

重要度

B

平成30年
国家一般職

制限時間 ⏳ **6分**

問題演習
記録

1回目 ／ □
2回目 ／ □
3回目 ／ □

対応関係②

問題
2

A～Eの5人は，借り物競走を3回行うこととした。各回の競走では，傘，靴，携帯電話，財布，時計の5種類から，競走に参加した者がそれぞれ一つずつ異なる種類の借り物をすることとし，各自の借り物は，1回の競走を開始するたびにくじで決めることとした。次のことが分かっているとき，確実にいえるのはどれか。

○1回目と2回目の競走は5人で行われ，3回目の競走は3人で行われた。
○同じ種類の借り物を2回以上借りることとなったのは，AとDのみであり，Aは傘を2回，Dは時計を2回借りた。
○BとEは同じ回数参加した。また，Bの1回目の借り物とEの2回目の借り物，Bの2回目の借り物とEの1回目の借り物は同じ種類であった。
○Cの1回目の借り物は傘であり，2回目の借り物は携帯電話であった。
○3回目の競走で借りられた物のうち二つは，靴と携帯電話であった。

❶ Aは携帯電話を借りなかった。

❷ Bは3回目の競走に参加した。

❸ Cは3回目の競走に参加しなかった。

❹ Dの3回目の借り物は携帯電話であった。

❺ Eの2回目の借り物は財布であった。

対応表を作って考えましょう。

	1回目	2回目	3回目	備考
A				傘2回
B				
C	傘	携帯		
D				時計2回
E				
	5人	5人	3人 靴，携帯	

1回目でCが傘を借りたことから，Aの傘2回は1回目ではなく，2回目と3回目であることがわかります。すると，3回目の3人が借りたのが靴，携帯，傘と決まります。

したがって，Dが時計を2回借りたのは，1回目と2回目であることがわかります。

	1回目	2回目	3回目	備考
A		傘	傘	傘2回
B				
C	傘	携帯		
D	時計	時計		時計2回
E				
	5人	5人	3人 靴，携帯	

すると，3番目の条件から，B，Eの1，2回目の借り物は，残りの靴，財布のいずれかに決まります。どちらの場合も，Aの1回目は携帯になります。

あとは，次のように場合分けをして考えます。

(1) Bの2回目（＝Eの1回目）が靴→Bの1回目（＝Eの2回目）が財布

(2) Bの2回目（＝Eの1回目）が財布→Bの1回目（＝Eの2回目）が靴

(1)の場合

	1回目	2回目	3回目	備考
A	携帯	傘	傘	傘2回
B	財布	靴		
C	傘	携帯		
D	時計	時計		時計2回
E	靴	財布		
	5人	5人	3人 靴，携帯	

同じものを2度借りたのはAとDだけで，BとEは参加している回数が同じなので，BとEは3回目には参加していない，つまり，3回目に参加したのはCとDと決まります。さらに，同じものを2度借りたのはAとDだけですから，Cが借りたのは靴，Dが借りたのは携帯電話と決まります。

	1回目	2回目	3回目	備考
A	携帯	傘	傘	傘2回
B	財布	靴	×	
C	傘	携帯	靴	
D	時計	時計	携帯	時計2回
E	靴	財布	×	
	5人	5人	3人 靴，携帯	

ここで，各選択肢を検討します。

① Aは1回目に携帯電話を借りているので，誤り。

② Bは3回目の競走に参加していないので，誤り。

③ Cは3回目の競走に参加したので，誤り。

④ Dは3回目に携帯電話を借りたので，正しい。
⑵の場合も，同様に，正しい。

⑤ Eの2回目の借り物は，⑵の場合靴になるので，誤り。

セクション

5

対応関係

解答のポイント

　体育祭の目玉，「借り物競争」大いに盛りあがるよね。本問は表を作って，条件を書き込んでいこう。借り物の種類が5種類だから，5人が参加した回では，当然一人ひとり，別々の物を借りているよね。だから，Aが借りた傘の2回は，1回目ではなく（すでにCが借りているから）2回目と3回目になるね。そうすると，3回目に借りられたのは，傘，靴，携帯電話の3種類ということになり，Dの時計2回はおのずと，1回目と2回目になる。このあとは，BとEの借り物で場合分けになるけど，2回目の状況を見ると，BとEが借りたのは靴か財布だから，その2通りで場合分けしてみよう！

　それにしても，靴を貸した人はその後，無事に帰れたのかな？

正解 **4**

対応関係③

問題 3

ある診療所で，ある週の月曜日から金曜日までに，A～Fの6人が3種類のワクチンX，Y，Zのいずれか1種類を1回接種した。この診療所では，月曜日にはXのみ，火曜日にはYのみ，水曜日と金曜日にはZのみ，木曜日にはXとYが接種できる。この週のワクチンの接種状況について，次のことが分かっているとき，確実にいえるのはどれか。

ただし，A～Fがワクチンを接種した週には，A～F以外にワクチンを接種した者はいなかったものとする。

○同日に3人以上がワクチンを接種した日はなかった。
○誰もワクチンを接種しない日が1日だけあった。
○ワクチンX，Y，Zを接種した者は，それぞれ2人であった。
○AとBは，同日にワクチンを接種した。
○CがYのワクチンを接種した日には，他にワクチンを接種した者はいなかった。
○DとEは，異なる種類のワクチンを接種した。
○Eは，木曜日にワクチンを接種した。

1 Aは，Zを接種した。

2 Eは，Xを接種した。

3 Fは，X又はZを接種した。

4 DとFは，同じ種類のワクチンを接種した。

5 金曜日には，誰もワクチンを接種しなかった。

対応表を作って条件を書き込んでいきましょう。

Yのワクチンが摂取できるのは火曜日と木曜日であることと，5，7番目の条件から，CがYを接種した日は火曜日とわかります（下表）。

また，他に，1，2，5番目の条件から，接種が0人の日が1日，1人の日が計2日，2人の日が計2日であることもわかります。

	月	火	水	木	金
A		×			
B		×			
C	×	Y	×	×	×
D		×			
E	×	×	×		×
F		×			
	Xのみ	Yのみ	Zのみ	XとY	Zのみ

4番目の条件より，AとBは同じ日に接種しています。1，7番目の条件から，これは，月，水，金のいずれかです。以下，場合分けして考えます。

(1) AとBが月曜日に接種した場合

	月	火	水	木	金
A	X	×	×	×	×
B	X	×	×	×	×
C	×	Y	×	×	×
D	×	×			
E	×	×	×		×
F	×	×			
	Xのみ	Yのみ	Zのみ	XとY	Zのみ

残ったD，Fは，どちらも水曜日か金曜日にZを接種したことになります。
ここまでで，選択肢は❸と❹に絞られます。

(2)　AとBが水曜日に接種した場合

	月	火	水	木	金
A	×	×	Z	×	×
B	×	×	Z	×	×
C	×	Y	×	×	×
D		×			
E	×	×	×		×
F		×			
	Xのみ	Yのみ	Zのみ	XとY	Zのみ

　Eが接種したのはXかYになりますが，仮にEがXを接種したとすると，(D，F) = (Y，X) となるので，選択肢 ❹ が消えます。

　よって，正解は ❸ です。

　以下に，一例を挙げます。

	月	火	水	木	金
A	×	×	Z	×	×
B	×	×	Z	×	×
C	×	Y	×	×	×
D	×	×	×	Y	×
E	×	×	×	X	×
F	X	×	×	×	×
	Xのみ	Yのみ	Zのみ	XとY	Zのみ

解答のポイント

　月～金の5日間でA～Fが受けたワクチン接種の話。条件より，1日で受けるワクチンの最多人数は2人。そして，誰もワクチンを接種しなかった日も1日だけあったということは，6人を残りの4日に分けるとすると，2人接種が2日，1人接種が2日ってことになるよね。

　また，AとBが同日に接種しているので，それは月か水か金だね。ここから先は場合分けになるけど，本問は条件を満たすいくつかのパターンが作れるから，作りながら選択肢を消していき，最後に残った選択肢が正解だ！

正解 **3**

重要度

S

平成26年
裁判所職員

制限時間 ⏳ 5分

問題演習
記録

1回目 ／ □　2回目 ／ □　3回目 ／ □

対応関係④

問題4
A～Eの5人が1人1通ずつ，お互いの間でメールのやり取りをし，5人がそれぞれ次の発言をした。このとき，次のア～オのうち，確実に言えるもののみを全て挙げているものはどれか。

A 「5人とも自分が送った相手からはメールを受け取っていない。」
B 「私が受け取った相手はDかEだった。」
C 「私が受け取った相手はAかDだった。」
D 「私はCからメールを受け取っていない。」
E 「私はCからメールを受け取っていない。」

ア Cが送った相手はBである。
イ Cが送った相手はAである。
ウ CはAから受け取った。
エ CはDから受け取った。
オ Aが送った相手はDである。

① ア，イ

② ア，ウ

③ イ，ウ

④ イ，エ

⑤ ウ，オ

セクション

5

対応関係

全員が1通だけ送信し，1通だけ受信しています。**表にしてみましょう。**

BおよびCの発言から，BかCのどちらかがDのメールを受け取っているので，**Dのメールを受け取ったのがBかCかで場合を分けます。**

(1) **Dのメールを受け取ったのがBである場合**

DがBに送信したことから，BはDに送信していません。Cの発言から，AはCに送信したことと，CはAに送信していないことがわかります。DとEの発言から，CはDにもEにも送信していません。

以上をまとめると，次の表1のようになります。

表1		受信者側				
		A	B	C	D	E
送信者側	A			○		
	B				×	
	C	×			×	×
	D		○			
	E					

（送信した→○，送信していない→×）

全員が1回は送信したので，CはBに送信したことになりますが，Bからすると，CとDからメールを受信したことになってしまい，条件に反します。

よって，この仮定は誤りです。

(2) **Dのメールを受け取ったのがCである場合**

DはCに送信したので，Aの発言から，CはDに送信していません。

（同時に，A，B，EはCに送信していないこともわかります）

Bの発言から，EはBに送信したこと（A，CがBに送信していないこと），BがEに送信していないことがわかります。

Eの発言から，CはEに送信していないことがわかります。

（Dの発言「CはDに送信していない」は，すでにわかっています）

以上をまとめたうえで，確定した空欄に○や×を補うと，次の表2のようになります。

表2		受信者側				
		A	B	C	D	E
送信者側	A		×	×	×	○
	B	×		×	○	×
	C	○	×		×	×
	D	×	×	○		×
	E	×	○	×	×	

（送信した→○，送信していない→×）

　矛盾なく送信者・受信者が確定したので，**ア～オ**を検討します。

ア・イ　Cが送った相手はAです。アは誤りで，イが正しい。

ウ・エ　Cが受け取ったのはDからです。ウは誤りで，エが正しい。

オ　　Aが送った相手はEなので，誤り。

　よって，正解はイ，エの組合せですから，**4**です。

解答のポイント

　この問題はA～E間内で「メールを出した，もらった」関係が成立している問題だ。こういうときは，勝敗表タイプの表を作るんだ。横に見ると「メールを出した」関係，縦に見ると「メールを受け取った」関係だ。この表は本当に便利だから，是非ともマスターしてほしい！

正解 **4**

重要度 **B**

平成26年
裁判所職員

制限時間 ⏳ **6分**

問題演習
記録

1回目 ／ □
2回目 ／ □
3回目 ／ □

対応関係⑤

 問題 5 A〜Dの4人の大学生がいる。4人はP大生，Q大生，R大生，S大生（順不同）である。この4人にトランプを3枚ずつ配ったところ，それぞれ3種類のスート（マーク）のカードであった。また，人によってスートのパターンは異なっていた。次のア〜オのことが分かっているとき，確実に言えるものはどれか。

ア　CはS大生ではなく，スペードのカードを持っている。
イ　P大生はダイヤとクラブのカードを持っている。
ウ　Q大生はダイヤとクラブのカードの両方は持っていない。
エ　AはP大生でもS大生でもない。
オ　BとS大生の2人はスペードとダイヤのカードを持っている。

❶ AはQ大生で，スペード，ハート，クラブのカードを持っている。

❷ BはP大生で，スペード，ダイヤ，クラブのカードを持っている。

❸ CはR大生で，スペード，ハート，クラブのカードを持っている。

❹ DはS大生で，ハート，ダイヤ，クラブのカードを持っている。

❺ AはR大生で，スペード，ダイヤ，クラブのカードを持っている。

　A〜Dの4人に対して，所属する大学と，トランプのスート（1人3種類ずつ持っている）が対応しています。

　4種類のスートから3種類を選ぶ組合せは，「選ばれなかった1種類の組合せ」と同じで4通りとなります（$_4C_3 = {}_4C_1 = 4$）。人によってスートの組合せは異なるので，各スートは3枚ずつあることがわかります。

　P〜Sとスート，A〜Dとスートのそれぞれの対応表をつくって，条件を整理しましょう。

　条件ウから，Q大生が持っていないのはダイヤかクラブのどちらかですので，これで場合分けします。

(1) Q大生がクラブを持っていない場合（表ア）

　ダイヤはすでに3枚○がついているので，R大生はダイヤを持っていません。つまり，R大生はダイヤ以外のスート3種を持っています。また，クラブを持っていないのはQ大生なので，R大生，S大生はクラブを持っています。同様にして○×を埋めていくと，表ウのようになります。一方，A〜Dとスートの対応は，表エのようになります。なお，条件ア，エ，オより，DがS大生とわかります。

表ア

	♦	♥	♠	♣
P	○			○
Q	○			×
R				
S	○		○	

表ウ

	♦	♥	♠	♣
P	○	○	×	○
Q	○	○	○	×
R	×	○	○	○
S	○	×	○	○

表エ

	♦	♥	♠	♣
A				
B				○
C				
S=D	○		○	

表オ

	♦	♥	♠	♣
A	○	○	×	○=P
B	○		○	
C				
S=D	○		○	

　すると，表オのように，スペードを持っていないAはP大生となりますが，これは条件エに反するので，この仮定は誤りとわかります。

(2) Q大生がダイヤを持っていない場合（表イ）

　R大生はダイヤを持っています。また，BはQ大生ではありません。なお，Q大生はダイヤ以外の3種を持っています。

　表エより，スペードを持っていないのはAですから，AがQ大生ではないこと，すなわちR大生であ

表イ

	♦	♥	♠	♣
P	○			○
Q	×			○
R				
S	○		○	

ることも決まります。

　したがって，BがP大生，CがQ大生と確定します。これと表エを重ねて，○×が確定するマスを埋めていくと，表キのようになります。

表キ

	♦	♥	♠	♣
A	○	○	×	○＝R
B	○	×	○	○＝P
C	×	○	○	○＝Q
S＝D	○	○	○	×

　表キをもとに選択肢を検討します。

1 AはR大生なので誤り。

2 BはP大生で，スペード，ダイヤ，クラブを持っているので正しい。

3 CはQ大生なので誤り。

4 DはS大生ですが，クラブは持っていないので誤り。

5 AはR大生ですが，スペードは持っていないので誤り。

解答のポイント

　A〜Dの4人にそれぞれ異なる3種類のマークのカード3枚を配っている。つまり，全部で3×4＝12枚を配っている。また，人によってマークのパターンは異なっているから，4種類のマークのうち，どの種類のカードもそれぞれ3枚ずつ配られたってことだね。このことに気付くと後が楽になるよ。残りは表を使って条件を整理していこう！

正解 **2**

重要度

平成26年
裁判所職員

制限時間 ⏳5分

問題演習
記録

1回目 ☐ 2回目 ☐ 3回目 ☐

対応関係⑥

問題6

父, 長男, 次男の3人が寿司屋に行った。寿司ネタは, 次のように3つのグループⅠ, Ⅱ, Ⅲに分かれている。

Ⅰ　トロ, ウニ, ヒラメ
Ⅱ　エビ, タイ, マグロ
Ⅲ　イカ, タコ, アジ, アナゴ, 玉子, きゅうり

3人は, Ⅰのネタからは, 1つまで食べることができ, Ⅱのネタからは2つ食べた。また, Ⅰのネタを食べた人は全部で5つの寿司を食べたが, Ⅰのネタを食べなかった人は全部で7つ食べた。さらに次のA～Eのことが分かっているとき, ア～オのうち, 確実に言えるもののみを全て挙げているものはどれか。

A　父はエビを食べ, 長男はきゅうりを食べなかった。
B　次男はⅠのネタを食べず, タイ, マグロ, 玉子, きゅうりを食べた。
C　父が食べて長男が食べなかったのはトロ, タイ, タコである。
D　長男と次男が共通して食べたネタはマグロ, イカである。
E　3人全員が共通して食べたネタがある。

ア　父は玉子を食べた。
イ　父はアジを食べなかった。
ウ　長男はⅠのネタを食べた。
エ　次男はタコを食べた。
オ　Ⅲのネタのうち, 誰も食べなかったネタがある。

① ア, イ, エ

② ア, エ, オ

③ イ, ウ, エ

④ イ, ウ, オ

⑤ ウ, エ, オ

条件を対応表に書き込んでいきましょう。

Ⅱは各人2つずつ食べていて，父がエビ，長男がマグロ，次男がタイとマグロを食べたことから，3人の食べたネタが確定します（右表）。

		父	長男	次男
Ⅰ	トロ	○	×	×
	ウニ	×		×
	ヒラメ	×		×
Ⅱ	エビ	○	○	×
	タイ	○	×	○
	マグロ	×	○	○
Ⅲ	イカ		○	○
	タコ	○	×	
	アジ			
	アナゴ			
	玉子			○
	きゅうり		×	○

長男は，Ⅲの空欄が3か所なので，Ⅰのネタを食べないで全部で7つ食べることはできません。したがって，Ⅰから何かを食べた（→ウが確実）こと，Ⅲの空欄の中から1つ食べたことがわかります。

次男は7つ食べたので，Ⅲの残り3つから2つ食べたことになります。

父が食べた残りの1つは3人が共通して食べたものです。長男と次男が共通して食べたものは表にあるマグロとイカだけですから，3人が共通して食べたものはイカと確定します（→アが誤り，イが確実）。

さらに，次男が玉子をたべたので，長男がⅢから食べたのはアジかアナゴに決まり，それを次男は食べていません。長男がどちらを食べた場合であっても，次男はタコを食べていることがわかります（→エが確実）。よって，正解は**❸**です。

解答のポイント

　トロ，ウニ，タイ，マグロ……いいねえ，なんだかお腹がすいてきた（笑）やっぱり日本人のソウルフードといえばお寿司だよね。本問は，基本的に表を作って整理していくってことは従来どおりなんだけど，Dの「長男と次男が共通して食べたネタはマグロ，イカである」っていう条件から，長男と次男が共通して食べたネタはあくまでもこの2品のみって気付けるかどうかがカギだね。あと，表は最後まで完成するとは限らないから，表の完成途中であっても選択肢を見るように心掛けてね！

正解 **3**

重要度 **S**

平成25年
特別区

制限時間 ⏳ **4分**

問題演習
記録

1回目	2回目	3回目
/ ☐	/ ☐	/ ☐

対応関係⑦

> **問題7** A～Eの5人の携帯電話の通話のやり取りについて，次のア～カのことが分かっているとき，確実にいえるのはどれか。
>
> ア　Aは，CとDのどちらかから電話を受けた。
> イ　Bは，AからもDからも電話を受けなかった。
> ウ　Cは，Bから電話を受けなかった。
> エ　Eは，AからもCからも電話を受けなかった。
> オ　5人がかけた電話と受けた電話は，それぞれ1回ずつであった。
> カ　電話をかけた相手から，電話を受けた人はいなかった。

❶ Aは，Dに電話をかけた。

❷ Bは，Eに電話をかけた。

❸ Cは，Aに電話をかけた。

❹ Dは，Cに電話をかけた。

❺ Eは，Bに電話をかけた。

セクション **5** 対応関係

　各条件を,「△は□に電話をかけた」と読み直して,整理しましょう。

ア　CはAに電話をかけた,あるいは,DはAに電話をかけた。

イ　AはBに電話をかけなかった。DはBに電話をかけなかった。

ウ　BはCに電話をかけなかった。

エ　AはEに電話をかけなかった。CはEに電話をかけなかった。

　そこで,①CがAに電話をかけた場合と,②DがAに電話をかけた場合に分けて,上記のイからエまでと条件オ,カを加えて,誰が誰に電話をかけたかを表にまとめます。

①　CがAに電話をかけた場合

　条件カより,AはCに電話をかけなかったことがわかります。

　条件オより,Aも1回は電話をかけたので,AはDに電話をしたことになります。

　なお,Dは1回電話を受けたので,B,C,Eからは電話を受けていません。

　Cは,Aに1回電話をしたので,B,D,Eには電話をしていません。

　したがって,BはEに電話をかけたことになり,条件カより,EはBに電話をしていないので,Cに電話をかけたことになります。

　以上をまとめると,次のようになります。

		電話を受けた				
		A	B	C	D	E
電話をかけた	A		×	×	○	×
	B	×		×	×	○
	C	○	×		×	×
	D	×	○	×		×
	E	×	×	○	×	

　条件イ「DはBに電話をかけなかった」に反するので,齟齬が生じてしまいます。したがって,この仮定は誤りです。

②　DがAに電話をかけた場合

　①の場合と同じように表を埋めていくと,次のようになります。

		電話を受けた				
		A	B	C	D	E
電話をかけた	A		×	○	×	×
	B	×		×	×	○
	C	×	○		×	×
	D	○	×	×		×
	E	×	×	×	○	

これをもとに選択肢を検討します。

❶ A は，C に電話をかけたので，誤り。

❷ B は，E に電話をかけたので，正しい。

以上より，正解は **❷** です。

解答のポイント

　A 〜 E 間内で「電話をかけた，受けた」関係が成立している問題だ。こういったタイプの問題には，勝敗表のような表が適している。詳しくは解説文を見てもらいたいけど，横に見ていくと，「電話をかけた」関係，縦に見ていくと「電話を受けた」関係になる。具体的にいうと，ウの条件「C は B から電話を受けなかった」という条件ならば，まず C を縦に見て，B から横にたどったところが重なる場所に「×」が入るってことだね。なぜなら「C は B から電話を受けない＝ B は C に電話をかけない」ってことだからね。この表の作り方さえマスターしてしまえば，楽々解けるはずだ。他にも「手紙を出した，もらった」「プレゼントをあげた，もらった」なんて関係が成立している問題にもこの表は有効だよ！

正解 **2**

重要度

B

平成24年
国家専門職

制限時間 ⌛ 6分

問題演習
記録

1回目 ／ □
2回目 ／ □
3回目 ／ □

重複のある対応問題①

問題
8

A～Fの6人が，黒，白，赤のいずれかの色のカップで，オレンジジュース，アップルジュース，グレープジュースの3種類のうち，いずれか1種類を飲んだ。次のことが分かっているとき，確実にいえるのはどれか。

○カップの色とジュースの種類の組合せが同じ者はいなかった。
○オレンジジュースを飲んだのは3人であった。
○Aはアップルジュースを飲んだ。
○黒色のカップを使ったのはBだけであった。
○CとDは同じ色のカップを使った。
○EとFは同じ種類のジュースを飲んだ。

❶ Bはアップルジュースを飲んだ。

❷ Cは赤いカップを使った。

❸ Dはグレープジュースを飲んだ。

❹ Eは白いカップを使った。

❺ Fはオレンジジュースを飲んだ。

A 〜 F の 6 人について，条件からわかることを対応表にまとめます。

条件 1：カップの色とジュースの種類の組合せが同じ者はいなかった

条件 2：オレンジジュース (o) を飲んだのは 3 人

　　　　　⇒アップルジュース (a)，グレープジュース (g) を飲んだのは合わせて 3 人

条件 3：A はアップルジュース (a) を飲んだ

条件 4：黒色 (b) のカップを使ったのは B だけ

　　　　　⇒白 (w)，赤 (r) は，3 人と 2 人のいずれか

条件 5：C と D は同じ色のカップを使った⇒C と D は違う種類のジュースを飲んだ

条件 6：E と F は同じ種類のジュースを飲んだ⇒E と F は違う色のカップを使った

　以上をまとめると，下表のようになります。

	A	B	C	D	E	F
色		b				
飲物	a					

b：1 人，w と r は 2 人か 3 人
o：3 人，a と g は 1 人か 2 人

（太枠で囲まれた 2 マスは同じ記号，矢印でつながった 2 マスは違う記号が入る）

　E と F がオレンジジュースでない場合，B・C・D の 3 人がオレンジジュースとなってしまい，条件「C と D は違う種類」に矛盾します。したがって，E と F はオレンジジュース (o) を飲んだことが確定します。

　この時点で，選択肢 5「F はオレンジジュース (O) を飲んだ」が確実にいえるので，これが正解と決まります。

　念のため検討を続けると，E と F は異なる色のカップなので，A は C と D の色と異なるカップであることが判明しますが，条件から判明することはここまでです。

解答のポイント

　典型的な対応関係の問題だ。本問の場合，最後の条件で「E と F は同じ種類のジュースを飲んだ」とあるけど，すでに A がアップルとわかっているので，E，F ≠ アップルとなる。

　だとすると，(1)E，F ＝ オレンジ か，(2)E，F ＝ グレープ かの場合分けになるね。ただし，(2)の場合は，おのずと C，D ＝ オレンジ となる。すると C，D は色も飲み物も同じ組み合わせとなり，最初の条件に反するからね。対応関係の問題で可能性が分かれる場合は，迷わず場合分けしてみよう。手間が掛かるようで，結果的にはそのほうが早く解けるよ！

正解 **5**

重要度 S

平成22年
国税専門官

制限時間 ⌛ 6分

問題演習
記録

1回目 ／ □　2回目 ／ □　3回目 ／ □

重複のある対応問題②

問題 9

ある家族が，近所の人からフルーツゼリーの詰め合わせをもらった。内訳は，みかん，ぶどう，もも，パイナップル，マンゴーの5種類がそれぞれ3個ずつ，合計15個であり，それを父，母，長女，次女の4人ですべて食べた。

各人が食べたものについて，次のことが分かっているとき，確実にいえるのはどれか。

○フルーツゼリーが好きな母は，全種類を食べた。
○長女は3個食べたが，同じ種類のものを複数は食べなかった。
○次女は4個食べたが，長女と同じ種類のものは食べておらず，また，みかんゼリーは食べなかった。
○5種類のうち，3人で1個ずつ食べたのはパイナップルゼリーのみである。

❶ 母は，マンゴーゼリーを2個食べた。

❷ 母が2個食べたゼリーは，長女も食べた。

❸ 父は，パイナップルゼリーと，ももゼリー又はぶどうゼリーの2個を食べた。

❹ 長女は，マンゴーゼリーかももゼリーのどちらかは食べた。

❺ 次女は，3種類のゼリーを食べた。

　上から順に条件1～4として，対応表を作って考えます。ゼリーは3個ずつですから，

条件1「母がすべての種類を食べている」

条件2「長女は3種類を1つずつ食べている」

条件3「次女は4個食べたが，長女と同じものを食べていない」
　　　　　→姉が食べていない残りの2種類を両方食べた

より，1つの種類は最大で2つしか食べられないことがわかります。

　さらに，次女は2種類のゼリーを2つずつ食べたこともわかります。

ここで，条件4からパイナップルを次女は食べていないことが決まるので，パイナップルは，父，母，長女が食べたことになります。

　また，条件4より父はみかんを食べていないことがわかり，母がみかんを2個食べたことが決まります。

　条件4に注意して個数を当てはめていくと，次の表のようになります。

	みかん	パイン				
父	×	○	×	×	×	1
母	◎	○	◎	○	○	7
長女	○	○	○	×	×	3
次女	×	×	×	◎	◎	4

（○→1個，◎→2個，×→0個）

種類の空欄部分は決まらないので，選択肢を検討すると，**2**が正解となります。

解答のポイント

　美味しそうなフルーツゼリーを家族で分け合う。いい話だ。でも，なぜか長女の食べた3種類のゼリーを次女は食べない。まあ，どのフルーツゼリーも3個ずつしかなくて，そのうち，3人が1個ずつ食べたのはパイナップルゼリーのみ。ということなので，それ以外は1人が2個，1人が1個食べていることになる。また，次女が食べたのは長女と異なる2種類，4個なので，1種類2個ずつ食べたことになる。となると，長女が食べたパイナップル以外のゼリーに関しては，全種類食べたというお母さんが2個ずつ食べたことになるね。それにしてもお父さんは全く話に登場してこないけど。父親って……。

正解 **2**

重要度 S

平成23年
東京都

制限時間 ⌛ 4分

問題演習
記録

1回目 ／ □
2回目 ／ □
3回目 ／ □

強弱関係

問題10 A〜Eの5種類のカードを用いて2人で行うカードゲームがある。

　ゲームは，5種類のカードを2人がそれぞれ持ち，同時にカードを1枚ずつ出し合って，各カード間の強弱の関係により勝負を決めるものである。これらのカードの関係について，次のア〜エのことが分かっている。

ア　AはCに強く，CはDに強い。
イ　Bは3種類のカードに強く，そのうちの2種類はDが強いカードと同じである。
ウ　A，C，Dはいずれも2種類のカードに強い。
エ　EはBに弱い。

　以上から判断して，5種類のカードの関係として，正しいのはどれか。ただし，引き分けとなるのは，同じ種類のカードを出し合った場合のみである。

1 AはDに強い。

2 BはAに弱い。

3 CはBに弱い。

4 DはEに強い。

5 EはCに弱い。

リーグ戦のような勝敗表をつくって，強弱の関係をまとめます。

条件ア～エを表に反映させてまとめると，表Ⅰのようになります。ただし，強いを○，弱いを×であらわし，横を基準として縦を相手とします。

表Ⅰ

	A	B	C	D	E		
A			○				○2
B					○		○3
C	×			○			○2
D			×				B○のうち2つ
E		×					

ここで，○の個数が確定しているもののうち少ないCのカードに着目します。

Cのカードが勝つ相手がD以外にBである場合とEである場合の2通りに分けて検討します。

① Cのカードが B のカードに強い場合

○2つが確定したので，CのカードはEのカードに弱い（×）ことが決まります。

また，BのカードはCのカードに弱い（×）ので，Bのカードは残った空欄の2か所とも○となり，対応する相手のカードに×が入ります。

さらに，DのカードはBの○のうち2つとなることから，AとEのカードに強いこと（○）が判明し，対応する相手カードに×が入ります。

最後にAのカードはEのカードに強いこと（○）が判明し，対応する相手カードに×を入れると，表は条件に矛盾することなくすべて確定します（表Ⅱ）。

表Ⅱ

	A	B	C	D	E		
A		×	○	×	○		○2
B	○		×	○	○		○3
C	×	○		○	×		○2
D	○	×	×		○		B○のうち2つ
E	×	×	○	×			

② Cのカードが E のカードに強い場合

①と同様に，CのカードはBのカードに弱い（×）ことが決まります。また，BのカードはCのカードに強く（○），EのカードはCのカードに弱い（×）ことも決まります。

DのカードはBのカードの3つの○のうち2つが同じですから，相手がAとEのカードである場合に限られます。

ここで，Bは○が3つ決まったので，BはDに弱い（×）となる一方，Dも○が2つ決まったので，DはBに弱い（×）となってしまいます。

つまり，カードの強弱が決まらず，矛盾が生じてしまいます（表Ⅲ）。

表Ⅲ

	A	B	C	D	E	
A		×	○	×		○2
B	○		○	※	○	○3
C	×	×		○	○	○2
D	○	※	×		○	B○のうち2つ
E		×	×	×		

したがって，表Ⅱを用いて選択肢を検討します。

❶ AはDに弱いので，誤り。

❷ BはAに強いので，誤り。

❸ CはBに強いので，誤り。

❹ DはEに強いので，正しい。

❺ EはCに強いので，誤り。

解答のポイント

　まあ，これはカードゲームの形をとっているけど，「勝敗」の問題だよね。だからリーグ戦の表を使って整理してみる。本問の場合，イの条件「Bは3種類のカードに強く，そのうち2種類はDが強いカードと同じ」という条件があるけど，アの条件があるから，DがCに弱いことはわかっているので，Dが強いカードというのは，A，B，Eのうち2種類なんだろうけど，BとDが強い同じ2種類となればA，Eしかないよね。これがわかれば一気に表は完成するね。

正解 **4**

重要度
C

平成25年
国家専門職

制限時間 ⏳5分

問題演習
記録

1回目／□ 2回目／□ 3回目／□

母国語と通訳の問題

問題 11　A〜Eの5人は，それぞれ異なる言語を母国語としている。さらにこの5人は，これらの言語のうちのいずれか一つを外国語として学んでおり，母国語と合わせて2種類の言語を使用できるが，学んだ外国語は5人とも異なっている。

　ここで，この5人のうち2人又は3人の間でコミュニケーションが成立するのは，2人のときには両者が使用できる言語に共通のものがある場合，3人のときには，3人のうちの1人が使用できる言語に，残りの2人それぞれの使用できる言語と共通のものがあり，その者が通訳をした場合とする。

　いま，次のようにコミュニケーションが成立したとき，確実にいえるのはどれか。

○A，B，Dの三者間でコミュニケーションが成立し，このときBが通訳をした。
○DとEの間でコミュニケーションが成立した。

① A，C，Eの三者間ではコミュニケーションが成立し，通訳をするのはAである。

② AとEの間ではコミュニケーションが成立する。

③ CとEの間ではコミュニケーションが成立しない。

④ B，D，Eの三者間ではコミュニケーションが成立し，通訳をするのはDである。

⑤ Cの母国語を学んだのはBである。

A〜Eの母国語をそれぞれA言語〜E言語とおいて，条件を表にまとめます。

1つ目の条件より，BがA，D間の通訳をしたのですから，Bが外国語として，① A言語を学んでいる場合，②D言語を学んでいる場合の2通りが考えられます。以下，場合分けして考えます。

① BがA言語を学んでいる場合

A，B，Dの三者間でコミュニケーションが成立したことから，DがB言語を学んでいることがわかります（この時点ではAの学んでいる外国語はわかりません）。

次に，2つ目の条件より，EはD言語を学んでいることがわかります。

このとき，問題文より，各自が学んでいる外国語に重複はないので，Cが学んでいるのはE言語と決まり，よって，Aの学んでいる外国語は残りのC言語と決まります（以上，表1）。

表1	A	B	C	D	E
A	◎		△		
B	△	◎			
C			◎		△
D		△		◎	
E			△		◎

（◎は母国語を，△は外国語をあらわす）

② BがD言語を学んでいる場合

上記①と同様に考えると，Aが学んでいるのはB言語です。

また，2つ目の条件に注目すると，D言語はBが学んでいるので，EがD言語を学ぶことはできません。よって，DはE言語を学んでいることがわかります。

このとき，Cが学んでいる外国語はA言語に決まります。よって，Eの学んでいる外国語は残りのC言語と決まります（以上，表2）。

表2	A	B	C	D	E
A	◎	△			
B		◎		△	
C	△		◎		
D				◎	△
E			△		◎

（◎は母国語を，△は外国語をあらわす）

以上に基づいて，選択肢を吟味します。

❶ 両方の場合でA，C，Eの三者間のコミュニケーションは成立しますが，通訳をするのはどちらの場合もCです。誤り。

❷ 両方の場合でAとEの間のコミュニケーションは成立しません。誤り。

❸ 両方の場合でCとEの間のコミュニケーションは成立します。誤り。

❹ 両方の場合で，Dを通訳とするB，D，E間のコミュニケーションが成立します。正しい。

❺ 言語Cを学んだのは，①の場合A，②の場合Eです。誤り。

解答のポイント

　対応関係の問題は何と言っても，最初は対応表を作ることからだね。本問はA〜Eの5人に対して，異なる5つの母国語が対応していく。もちろん，これだけだとコミュニケーションは全く成立しないってことになるけど，それぞれが母国語以外の1つの外国語を話せるから，共通の言語が話せる人同士であればコミュニケーションが可能ってわけだ。結局1人2か国語話せるってことだね。うーん，うらやましい。例えば，最初の条件からBはA，Dと共通の言語を持っていることになるよね。可能性として，BはA言語かD言語が話せるってことになる。あとは場合分けして考えよう。丁寧に2通りの表を作って，どちらにも共通していえることが「確実にいえること」だよ。

正解 **4**

重要度 S

平成21年
国家Ⅱ種

制限時間 ⏳5分

問題演習
記録

1回目 ／ □
2回目 ／ □
3回目 ／ □

重複のない対応

 問題 12

A～Dの4人は，それぞれ2か国ずつ旅行した。この4人の間でア～カが行われたことが分かっているとき，Bの旅行先はどこか。

ただし，A～Dが訪れた旅行先は，アメリカ合衆国，イタリア，オーストラリア，カナダ，韓国，タイ，中国，フランスの8か国で，旅行先の重複はなかったものとする。

ア　Aは，中国を旅行した者からおみやげをもらった。

イ　中国を旅行した者は，韓国を旅行した者からおみやげをもらった。

ウ　Aは，旅行に出発する際，オーストラリアを旅行した者，フランスを旅行した者，韓国を旅行した者の3人に見送ってもらった。

エ　A，B，アメリカ合衆国を旅行した者，イタリアを旅行した者の4人は，互いに旅行先の写真を見せ合った。

オ　Cは旅行先から，イタリアを旅行した者と中国を旅行した者の2人に国際電話をかけた。

カ　イタリアを旅行した者は，オーストラリアを旅行した者と中国を旅行した者の2人から旅行先の絵はがきをもらった。

1 オーストラリアとカナダ

2 オーストラリアと中国

3 カナダと韓国

4 韓国とタイ

5 中国とフランス

旅行先の重複がないことに注意して，対応表を作ります。

条件アより，Aは中国に行っていません。同様に，条件ウ，エから，Aが行っていない国がすべて決まります。したがって，**Aが旅行した2か国は，カナダとタイと確定**します。

また，Bは，Aが旅行したカナダ，タイ以外に，条件エより，アメリカ，イタリアにも行っていないことがわかります。これと条件オより，Cもイタリアには行っていないので，**イタリアに旅行したのは，Dと決まります。**

さらに，Cは中国に行っていないこと（条件オ）を踏まえると，条件カより，Bが中国へ行ったことがわかります。同時に，Bはオーストラリアには行っていないことも決まります（表）。

	アメ	イタ	オー	カナ	韓国	タイ	中国	フラ
A	×	×	×	◯	×	◯	×	×
B	×	×	×	×	×	×	◯	◯
C	◯	×		×		×	×	×
D	×	◯		×		×	×	×

ここまでで，Bの旅行先が中国とフランスとわかります（→ ❺ が正解）。

なお，念のために表を完成させると，次のようになります。

	アメ	イタ	オー	カナ	韓国	タイ	中国	フラ
A	×	×	×	◯	×	◯	×	×
B	×	×	×	×	×	×	◯	◯
C	◯	×	◯	×	×	×	×	×
D	×	◯	×	×	◯	×	×	×

解答のポイント

A～Dの4人が1人2か国，重複なく全8か国を周る。うーん，なんてリッチな。うらやましい限り。まずは表を作って……，例えばアの条件「Aは中国を旅行した者からおみやげをもらった」ってことは，Aと中国旅行者は別人物だから，A自身は，中国へは旅行してないってことになるよね。同様にイの条件から中国旅行者≠韓国旅行者だったりする。あとは，同様にして表を完成させればOK！

正解 **5**

重要度 A

平成28年
国家一般職

制限時間 5分

問題演習
記録

1回目 □ / 2回目 □ / 3回目 □

対応と順位

> 問題 13
>
> ある地域の運動会で，赤，白，青，黄，桃の五つの異なる組にそれぞれ所属しているA〜Eの5人が，借り物競走に出場した。5人は同時にスタートし，途中の地点で，借り物を指示する5枚のカードから1枚ずつ選び，指示された物を借りてきてゴールに向かった。借り物を指示するカードには，「軍手」「たすき」「なわとび」「マイク」「帽子」の5種類が1枚ずつあった。5人が次のように述べているとき，確実にいえるのはどれか。なお，同時にゴールした者はいなかった。
>
> A：「私がゴールしたときにまだゴールしていなかったのは，白組と桃組の走者の2人だった。」
> B：「私の2人前にゴールしたのは赤組の走者で，軍手を借りていた。」
> C：「私の直後にゴールした走者は，たすきを借りていた。」
> D：「私の直前にゴールした走者は黄組の走者で，帽子を借りていた。」
> E：「指示されたなわとびを探すうちに，2人以上の走者が先にゴールしたが，私がゴールしたのは最後ではなかった。」

❶ Aは帽子を借りた。

❷ Bはたすきを借りた。

❸ Cは軍手を借りた。

❹ Dは青組だった。

❺ Eは桃組だった。

状況を確認すると，

- A～Eの5人が赤，白，青，黄，桃の5つの異なる組に属している。
- 借り物競走で，軍手，たすき，なわとび，マイク，帽子の5種類のいずれかを借りている。

となります。次のような対応表を作りながら，条件を整理しましょう。

	赤	白	青	黄	桃	軍手	たすき	なわとび	マイク	帽子	順位
A											
〜											
E											

○Aの発言から，Aが3位であり，Aは白組でも桃組でないことがわかります。

○Eの発言とAが3位であることから，Eは4位に決まります。すると，Aの発言よりEは桃組か白組であることがわかります。また，Eはなわとびを借りています。

○Bの発言からBは3位～5位とわかります。残っているのは5位しかないので，5位に決まります。したがって，BはAの発言より桃組か白組となります。さらに，Bの2人前は3位のAとなるので，Aは赤組で，軍手を借りたことがわかります。

○残った1位，2位はCとDです。C，Dの発言から，Cは1位，Dは2位であること，Cは黄組で帽子を借り，Dはたすきを借りたことがわかります。

	赤	白	青	黄	桃	軍手	たすき	なわとび	マイク	帽子	順位
A	○	×	×	×	×	○	×	×	×	×	3位
B	×		×	×		×	×	×		×	5位
C	×	×	×	○	×	×	×	×	×	○	1位
D	×	×		×	×	×	○	×	×	×	2位
E	×		×	×		×	×	○	×	×	4位

よって，表より，Dが青組であることがわかります。以上より，確実にいえることは，選択肢 ④ です。因みに，選択肢 ⑤ は確実にはいえないので，誤りです。

解答のポイント

「借り物競争」ネタは前にも出てきたね。A～Eの5人が，赤～桃の5つの組に別れ，更に軍手～帽子までの5種類の借り物をする。表を別々に分けて作ってもいいけど，1つにまとめて作ったほうが手間も省けるし，一目で全体が見渡せるから便利だよね。それにしても，軍手を借りるって，そんなに簡単に持ってる人みつかるかなぁ。（笑）

正解 **4**

重要度
B

平成26年
国家一般職

制限時間 ⏳ 7分

問題演習
記録

1回目 ／ □
2回目 ／ □
3回目 ／ □

チーム分けの問題

問題
14

A〜Fの6人が3対3に分かれてバスケットボールの試合を行うため，チーム分けをした。チーム分けの方法は，6人が一斉にグー又はパーを出し，出されたものが同数になるまで繰り返し，同数になったとき，出したものが同じ者どうしが同じチームになるものとし，その結果，4回目でチームが決まった。チーム分けについて，各人が次のように述べているとき，確実にいえるのはどれか。

A：「3回目まで毎回少数派であった。最終的にはDと同じチームになった。」

B：「2回目以降は，その前の回と異なるものを出した。最終的にはEと同じチームになった。」

C：「3回目まで毎回多数派であった。」

D：「3回目まで毎回同じものを出し，4回目はこれまでと異なるものを出した。」

E：「2回目で私と同じものを出した者は私以外に3人いた。」

F：「2回目以降は，その前の回で少数派であったものを出した。」

❶ AとEが同じものを出した回はなかった。

❷ CとFが同じものを出した回は3回あった。

❸ 4回とも同じものを出した者は1人いた。

❹ 1回目は，多数派5人と少数派1人に分かれた。

❺ 3回目は，多数派5人と少数派1人に分かれた。

　対応表を作り，条件（各人の発言内容）を書き込みます。ここでは，4回目にＡが出したものをパー（○と置く）とし，Ｂが出したものをグー（×と置く）とします（表Ⅰ）。

表Ⅰ	Ａ	Ｂ	Ｃ	Ｄ	Ｅ	Ｆ
1回目	少数	○	多数	×		
2回目	少数	×	多数	×	多数	1回目の少数
3回目	少数	○	多数	×		2回目の少数
4回目	○	×		○	×	3回目の少数

　まず，2回目のＥに着目します。仮に○（パー）とすると，Ｅの発言より2回目に○を出したのはちょうど4人ですから，Ａ，Ｃ，Ｆがいずれも○でないと合いません。すると，2回目にＡが多数派となってしまうので，3回目まで少数派であったとするＡの発言と矛盾します。

　よって，2回目のＥは×（グー）に決まり，同時に，2回目はＣが×，ＡとＦが○と確定します。

　また，Ｆの2回目，つまり1回目の少数派が○ですから，Ａは1回目に○を出したことが決まり，Ｃ～Ｆはいずれも×となります。

　次に，3回目について考えます。Ｆは2回目の結果を受けて，○を出したことが確定します。

　ここで，多数派であるＣに着目します。Ｃが×を出した場合，Ａ，Ｅとも×でないと多数派にはなりませんが，Ａは少数派なので，Ａの発言と矛盾してしまいます。

　よって，3回目のＣは○となり，少数派のＡが×，残ったＥは○と確定します。

　最後に，4回目は，3回目の結果を受けてＦが×となり，両チーム3人ずつですから，Ｃが○と決まります（表Ⅱ）。

セクション
5
対応関係

表Ⅱ	A	B	C	D	E	F
1回目	○	○	×	×	×	×
2回目	○	×	×	×	×	○
3回目	×	○	○	×	○	○
4回目	○	×	○	○	×	×

ここで選択肢を検討します。

❶ AとEが同じものを出した回は無かったので，正しい。

❷ CとFが同じものを出した回は2回なので，誤り。

❸ 4回とも同じものを出した者はいなかったので，誤り。

❹・❺ 多数派5人と少数派1人に分かれた回は無かったので，どちらも誤り。

正解 **1**

重要度 **C**

平成22年
裁判所職員

制限時間 ⏳ **8分**

問題演習
記録

1回目 ／ □ 2回目 ／ □ 3回目 ／ □

空欄のある対応

問題 15

下の図は架空の落語家の系統図であり，名前を結ぶ線の左が師匠，右が弟子である。これらの者の間では，弟子を命名するとき，「自分の名前の1字を与える。ただし，自分の名が師匠の名と異なる場合は，師匠からいただいた1字は弟子に与えない。」という約束事がある。若手落語家の幸満，三福，幸朝，朝丸，三丸について次のア～エのことが分かっているとき，八代目幸福，福朝，幸三，満朝，花丸のうち，若手落語家5人の中に弟子を持たない者が1人だけいることになるが，それは誰か。

ア　いずれも八代目幸福，福朝，幸三，満朝，花丸の誰かを師匠にもち，上の約束事に従って命名された。
イ　彼らの中で2人だけ同じ師匠をもつ者がいる。
ウ　朝丸の大師匠（師匠の師匠）と幸朝の師匠の名前には同じ文字はない。
エ　幸満の大師匠と三丸の大師匠の名前には同じ文字がある。

```
七代目四葉亭幸福 ────┬── 八代目幸福
                     └── 福朝

楽枝亭三朝 ──────── 幸三

原道亭満福 ──────── 満朝

出世亭花朝 ──────── 花丸
```

┌─────────────┐
│ こうまん   │
│ 幸満   │
│ さんぷく   │
│ 三福   │
│ こうちょう   │
│ 幸朝   │
│ ちょうまる   │
│ 朝丸   │
│ さんのまる   │
│ 三丸   │
└─────────────┘

① 八代目幸福

② 福朝

③ 幸三

④ 満朝

⑤ 花丸

八代目幸福の弟子を①，福朝の弟子を②，幸三の弟子を③，満朝の弟子を④，花丸の弟子を⑤とおいて，対応表をつくります。

「自分の名前の1字を与える。ただし，自分の名が師匠の名と異なる場合は，師匠からいただいた1字は弟子に与えない。」言い換えると，「**自分の名が師匠の名と同じ場合は，どちらの字も弟子に与えることができる**」という約束事から師弟関係を整理しましょう。

①は，大師匠と師匠とが同じ名前ですから，「幸」「福」のどちらかを持っています。

②〜⑤は，大師匠と師匠とが異なる名前ですから，共通する1字は弟子に使えません。

②：「福」は使えない→**「朝」を持っている**。

③：「三」が使えない→**「幸」を持っている**。

④：「満」が使えない→**「朝」を持っている**。

⑤：「花」が使えない→**「丸」を持っている**。

以上をまとめると，表1のようになります。

表1 （△〜可能性あり，×〜可能性なし）

	大師匠	師匠	幸満	三福	幸朝	朝丸	三丸
①	七代目幸福	八代目幸福	△	△	△	×	×
②	七代目幸福	福朝	×	×	△	△	×
③	三朝	幸三	△	×	△	×	×
④	満福	満朝	×	×	△	△	×
⑤	花朝	花丸	×	×	×	△	△

ここで，**三福と三丸は，△が1個しかないので，それぞれの師匠が，八代目幸福と花丸に確定します**。

次に，条件エ「幸満の大師匠と三丸の大師匠の名前には同じ文字がある。」に着目します。

三丸の大師匠は，花朝であるから，幸満の大師匠は，三朝に確定します（表2）。

表2

大師匠	師匠	幸満	三福	幸朝	朝丸	三丸
七代目幸福	八代目幸福	△→×	△→◎	△	×	×
七代目幸福	福朝	×	×	△	△	×
三朝	幸三	△→◎	×	△	×	×
満福	満朝	×	×	△	△	×
花朝	花丸	×	×	×	△	△→◎

続いて，条件ウを検討します。

朝丸の師匠が3通り考えられるので，場合分けをします。

(1) 朝丸の師匠が福朝である場合

　朝丸の大師匠は七代目幸福となるので，条件ウを満足させる幸朝の師匠は，「幸」「福」を持たない満朝となります。ところが，これだと「若手落語家5人の中に弟子を持たない者が1人だけいる」という条件に反してしまいます。よって，朝丸の師匠は福朝ではありません。

(2) 朝丸の師匠が満朝である場合

　朝丸の大師匠は満福となるので，条件ウを満足させる師匠としては，「満」「福」を持たない幸三となります。その結果，弟子を持たない師匠は福朝となります（表3）。

表3

大師匠	師匠	幸満	三福	幸朝	朝丸	三丸
七代目幸福	八代目幸福	△→×	△→◎	△	×	×
七代目幸福	福朝	×	×	△	△	×
三朝	幸三	△→◎	×	△→◎	×	×
満福	満朝	×	×	△	△→◎	×
花朝	花丸	×	×	×	△→×	△→◎

ここで条件を満たすので，正解は **2** です。

解答のポイント

　師匠5人に対して，弟子5人だから，一見すると1対1対応なのかなと思いきや，問題文を読むと，イの条件「2人だけ同じ師匠を持つ者がいる」ということで，結果的に師匠の数が1人余ってしまうから，その師匠は弟子を持たないってことになる。それは誰か？　って問題だ。詳しくは解説文を見てほしいけど，本問の弟子への命名ルールは「自分の名が師匠（大師匠）の名と異なる場合は，いただいた1字は弟子に与えない」ってことだから大師匠と師匠が同じ名前の時は，このルールは無視できるってことだね。それにしても漢字の名前が登場する問題ってあまりないから，新鮮だけど，何故か，一見難しそうに見えるね。

正解 **2**

重要度
B

平成22年
国家Ⅱ種

制限時間 ⏳ **7分**

問題演習
記録

1回目／□　2回目／□　3回目／□

重複・空きのある対応

問題
16

ある会社では学生向けにインターンシップを実施しており，今週の月曜日から木曜日の4日間に，総務課，人事課，経理課，営業課でA～Dの4人の学生を受け入れた。各課への配属状況が次のア～オのとおりであったとき，確実にいえるのはどれか。

ただし，各課には複数の学生が配属されることもあったものとする。

ア　学生は，四つの課のすべてに1日単位で配属された。
イ　学生が1人も配属されなかったのは，総務課は木曜日，人事課は火曜日，経理課は木曜日，営業課は月曜日と火曜日であり，その他の日にはそれぞれの課に1人以上配属された。
ウ　Aは，月曜日に人事課，火曜日に総務課，水曜日に経理課，木曜日に営業課に配属された。
エ　Bは，経理課に配属された次の日に総務課に配属された。
オ　Dは，火曜日に総務課，木曜日に人事課に配属された。

❶ Aは，1回だけBと同じ日に同じ課に配属された。

❷ Bは，2回だけDと同じ日に同じ課に配属された。

❸ Cは，木曜日に営業課に配属された。

❹ Dは，水曜日に経理課に配属された。

❺ A，B，Cの3人が同じ日に同じ課に配属されたことはなかった。

表を作り，課と曜日に A 〜 D を当てはめます。

条件ア・ウ・オを反映させると，次のようになります。

	月	火	水	木
総務課		A，D		×
人事課	A	×		D
経理課			A	×
営業課	×	×		A

A 〜 D は 4 つの課すべてに 1 回ずつ配属されています。つまり，同じ課に 2 回配属されることはないことに注意して検討します。

条件エから，B が経理課から総務課へと行くことができるのは，

①月曜日に経理課，火曜日に総務課

②火曜日に経理課，水曜日に総務課，

③水曜日に経理課，木曜日に総務課

の 3 通りが考えられますが，条件イより総務課は木曜日に誰も配属されていないので，③は成り立ちません。①と②のそれぞれの場合で，検討を続けます。

① （B は月曜日に経理課）の場合

B は火曜日に総務課に配属されます。ここで，総務課に注目すると，C が月曜日に入ったときには，水曜日には誰も配属されず，C が水曜日に入ったときには，月曜日には誰も配属されないことになってしまうので，条件イに反します。したがって，この場合は，成り立たないことがわかります。

② （B は火曜日に経理課）の場合

総務課には火曜日に A と D，水曜日に B が配属され，木曜日には誰も配属されなかったので，月曜日には C が配属されたことがわかります（下表）。

	月	火	水	木
総務課	C	A，D	B	×
人事課	A	×		D
経理課		B	A	×
営業課	×	×		A

あとは，それぞれが配属されたことがない課を埋めていきましょう。

B は，人事課と営業課が残っています。営業課に配属できるのは，木曜日しかあり

ません。

　したがって，人事課には月曜日に配属されることが確定します。

　Ｄは，経理課と営業課が残っています。Ｄが営業課に配属できるのは水曜日だけですから，営業課には水曜日，経理課には月曜日と決まります。

　Ｃは，人事課，経理課，営業課が残っています。人事課は水曜日には空白にならないので，ここにＣが入ります。その結果，Ｃは営業課には木曜日，経理課には火曜日に入ります（表）。

	月	火	水	木
総務課	C	A，D	B	×
人事課	A，B	×	C	D
経理課	D	B，C	A	×
営業課	×	×	D	A，B，C

　完成した表をもとに各選択肢を検討します。

❶ 　ＡがＢと同じ日に同じ課に配属されたのは２回です。誤り。

❷ 　ＢとＤは同じ日に同じ課に配属されたことがありません。誤り。

❸ 　Ｃは木曜日に営業課に配属されました。正しい。

❹ 　Ｄは水曜日に営業課に配属されました。誤り。

❺ 　Ａ，Ｂ，Ｃの３人は木曜日に営業課に配属されました。誤り。

解答のポイント

　ちょっと複雑な問題かな。表を作って，条件を書き込んだら，エの条件「Ｂは，経理課に配属された次の日に総務課に配属された」ってところから，(1) Ｂ→月曜＝経理課，火曜＝総務課。または，(2) Ｂ→火曜＝経理課，水曜＝総務課の２通りに分けて考えてみよう。(1)だと条件に反してしまう部分が出てくるから，あとは(2)の場合で表を完成させよう！　それにしても４日間で４つの課を回るなんて，忙しくて，仕事覚えるどころじゃないね。（笑）

正解 **3**

重要度 **A**

平成22年
国家Ⅱ種

制限時間 ⏳ **6分**

問題演習
記録

1回目 ☐／ 2回目 ☐／ 3回目 ☐／

2人一組（禁止ペアあり）

問題 **17**

アパートの管理人が，図のように月曜日から始まる4週間分のゴミ当番表を作ることになった。

この地域のゴミ収集日は，月曜日がプラスチック，火曜日と木曜日が一般ゴミ，水曜日が缶・ビン，第1金曜日と第3金曜日が紙となっている。当番はA〜Fの6人が2人一組で行い，各人が6日ずつ担当する。当番表を作成するに当たり，各人は次のような要望を管理人に伝えた。これらの要望をすべて満たすように当番表を作成する場合，確実にいえるのはどれか。

A：木曜日は全部担当したい。また，Dとは組みたくないが，それ以外の人とは少なくとも1回は組みたい。

B：第2週までに6回連続して担当したいが，Cとは組みたくない。

C：第2週と第3週の担当にしてほしい。また，木曜日は担当できない。

D：水曜日は担当できない。

E：一般ゴミの日だけ担当したいが，18日は担当できない。また，Dとは組みたくない。

F：第4週に3回担当したい。

1 Aは第1週に2回当番がある。

2 Bは木曜日に2回当番がある。

3 Dが一般ゴミの日を担当することはない。

4 DとFが当番を組む日は2回ある。

5 Eは4日が当番である。

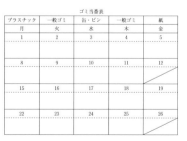

ゴミ当番表

プラスチック	一般ゴミ	缶・ビン	一般ゴミ	紙
月	火	水	木	金
1	2	3	4	5
8	9	10	11	12
15	16	17	18	19
22	23	24	25	26

　ゴミ当番表が与えられているので，これを利用して各人の要望を書き入れ，表を完成させましょう。

A：木曜日は全部担当したい。　⇒木曜日すべてにAを入れます。

B：第2週までに6回連続して担当したい。

　　⇒9日中6日連続ですから，Bの担当日に4，5，8日があることが決定します。

C：第2週と第3週の担当にしてほしい。木曜日は担当できない。

　　⇒8日から19日までの間で，11日，18日を除くところに入れます。ただし，Bは
　　Cと組みたくないと言っているので，8日は除きます。すると，9日，10日，
　　15日，16日，17日，19日にCが入ります。

D：水曜日は担当できない。　⇒3日，10日，17日，24日を除きます。

E：一般ゴミの日だけ担当したいが，18日は担当できない。Dとは組みたくない。

　　⇒4日はAとBが入っているので，2日，9日，11日，16日，23日，25日にE
　　が入ります。ここで9日の当番が決まるので，Bは1日から8日までの6日間
　　を担当することがわかります。さらに，EはDと組みたくないと言っているの
　　で，これらの日にDは入りません。よって，Dは，1日，5日，8日，15日，
　　19日，22日に入ります。

F：第4週に3回担当したい。

　　⇒第4週にあいているのは，22日，23日，24日ですから，ここにFを入れます。
　　ここで，Aの「Dとは組みたくないが，それ以外の人とは少なくとも1回は組
　　みたい」という要望に応じるには，10日，24日にAを入れるしかありません。よっ
　　て，残った3日，17日，18日にFが入ります。

　以上より，表が完成します。

ゴミ当番表

プラスチック	一般ゴミ	缶・ビン	一般ゴミ	紙
月	火	水	木	金
1	2	3	4	5
BD	BE	BF	AB	BD
8	9	10	11	12
BD	CE	AC	AE	
15	16	17	18	19
CD	CE	CF	AF	CD
22	23	24	25	26
DF	EF	AF	AE	

これをもとに，各選択肢を検討します。

① A は第1週には1回当番があるだけです。誤り。

② B は木曜日には1回当番があるだけです。誤り。

③ D が一般ゴミの日を担当することはありません。正しい。

④ D と F が当番を組む日は1回だけです。誤り。

⑤ E は4日には当番となっていません。誤り。

解答のポイント

　朝のゴミ出し。毎日のことだけど，結構，曜日間違えちゃったり，気がつくと，もう回収車が行ってしまった後だったりして，意外とストレスの元だね（笑）。本問はずいぶんとみんながわがまま言うから，管理人さんは相当ストレスだと思うけどね。まあ，みんなも管理人さんになったつもりで表を完成させよう。その際，あまり神経質になって考え込む前に，まずは手を動かして，「行き詰ったら修正すればいいや」くらいの気持ちで始めたほうが結果的にうまくいくんじゃないかな。

正解 **3**

「対応表」の作成

　与えられた条件を整理する「対応表」を作ります。その表を埋めていくことで，隠れた事実がみえてきます。

重要度 **A**

平成29年
裁判所職員

制限時間 ⏳ **3分**

問題演習
記録

1
回目 ／ □

2
回目 ／ □

3
回目 ／ □

うそつきを含む配置の問題①

> **問題1** A～Eの兄弟5人が父親のFと一緒に正面を向いて横一列に座り，次のように発言している。5人のうち，Fの両隣に座った2人だけがウソをつき，残りの3人は本当のことを言っているとき，Fの1人おいて左隣に座った者として確実に言えるものはどれか。
>
> A 「私の左隣はDです。」
> B 「私はCの隣に座った。」
> C 「Eの左隣はFです。」
> D 「私の右隣はEです。」
> E 「私の右隣はAです。」

1 A

2 B

3 C

4 D

5 E

うそつきがいるので，発言内容が矛盾している組合せを探しましょう。

右隣・左隣の表現に注意して各発言を読むと，Cの発言「Eの左隣はF（→Fの右隣はE）」と，Dの発言「Dの右隣はE」が矛盾します。また，Aの発言「Aの左隣はD（→Dの右隣はA）」と，Dの発言も矛盾します。

うそつきは2人いるので，AとCの発言をウソ，B，D，Eの発言を本当と仮定して，配置を考えます。うそつきであるAとCはFの両隣に来るので，A・C・Fの並び方は，(1) A－F－C と，(2) C－F－A のどちらかです。

(1)　A－F－Cの場合

Eの発言「Eの右隣はA」およびDの発言「Dの右隣はE」より，D－E－Aと並んでいることが決まります。

また，Bの発言「私はCの隣」より，C－Bも決まります。

よって，並び順は，D－E－A－F－C－Bと確定します。

このときすべての発言に矛盾はないので，Fの1人置いて左隣はEです。

なお，(2)の場合，Eの発言「Eの右隣はA」が成立しません。

セクション

6

位置・配置

解答のポイント

　これは……，配置の問題でもあるけど，どちらかといえばうそつき問題の要素が強いね。だから，うそつき問題の解法を思い出してみよう。それは，「発言内容に矛盾があれば，そこから攻める！」だ。本問の場合，AとD，AとE，CとDの発言は明らかに矛盾する。ただし，うそつきは2人。そこから考えられるのは，(1) A，Cがうそつき，(2) D，Eがうそつきのどちらかだ。(1)の場合，B，D，Eは本当になるから，そのときの列は，DEAFCBとなり，条件を満たす。よって，「Fの一人おいて左隣はE」なので，正解は **5** だ！　トラップがあちこちにあるから気を付けて！

正解 **5**

重要度 **B**

平成26年
国家専門職

制限時間 ⏳ **4分**

問題演習
記録

1回目 ／☐ 2回目 ／☐ 3回目 ／☐

うそつきを含む配置の問題②

問題 2
図のように，縦3列，横4段に仕切られた12の区画からなる棚がある。この棚には，花瓶，茶碗，人形，時計，ランプの五つの物がそれぞれ異なる区画に置かれている。また，この棚は，前後どちらからでもそれぞれの区画に置かれた物を見ることができる。

A〜Eの5人が前又は後ろからこの棚を見て，五つの物の位置関係について以下のとおり発言した。このうち後ろからこの棚を見ている者が1人だけいることが分かっているとき，その者は誰か。

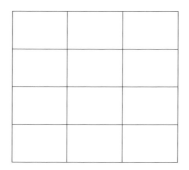

A：「茶碗の一つ右斜め下の区画に人形がある。」
B：「人形よりも右側の列の区画にランプがあるが，隣り合ってはいない。」
C：「時計の右隣の区画に花瓶がある。」
D：「人形の一つ左斜め下の区画に時計がある。」
E：「ランプと同じ列の二つ上の区画に茶碗がある。」

❶ A

❷ B

❸ C

❹ D

❺ E

反対側から見ている一名だけは，見えている物の配置が左右逆になっています。したがって，うそつき問題と同様に考えることができます。

全員が正面から見ていると仮定したときに，矛盾する発言の組を見つけましょう。

AとDの発言が正面方向からのものとすると図①のようになりますが，これはEの発言「茶碗があるのはランプの二つ上」に矛盾します。

Eの主張には左右の関係は含まれていないので，AかDのどちらかが背面から見ていることになります。

背面から見ているのがDだとすると，時計は人形の区画の一つ右斜め下にあることになります（図②）。しかし，これはCの発言「時計の右隣に花瓶がある」と矛盾します。

図①
茶		
	人	
時		

図②
茶		
	人	
		時

よって，背面から見ているのはDではなくAであると決まります。

Aの主張の左右を逆にすると，全体的に矛盾なく収まります（図③）。

図③
		茶
	人	
時	花	ラ

セクション 6 位置・配置

解答のポイント

A～Eの4人が棚に置かれている5つの物を見ているけど，この棚の変わっているところは前後どちらからでも物が見えるってところだ。でも，前から見て右側にあるものは，後ろから見たら左側に見えるよね。つまり，見る側の前後の位置によって，物の左右は入れ替わるってことだ。

Aから順番に，全員が前から見ていると仮定していくと，どうしてもA，B，Eの間で矛盾がおきる。後ろから見ている人物は1人だけだから，この3人のうち，Aだけが後ろから見ているとすると，特に矛盾なく，すべての物の位置が決まる。したがって，正解は ❶ だ！

正解 1

重要度 **S**

平成28年
特別区

制限時間 ⏳ **4分**

問題演習
記録

1回目 ／ □
2回目 ／ □
3回目 ／ □

地図上の位置関係①

問題 3

ある地域における，駅，学校，交番，体育館，図書館，病院の6つの施設の位置関係について，次のア～オのことが分かっているとき，駅から見て真北に位置する施設として確実にいえるのはどれか。ただし，これらの施設の中で最も南に位置するのは駅である。

ア　図書館から駅，学校，交番，体育館までの距離はそれぞれ同じである。
イ　交番は図書館の真東に位置する。
ウ　学校から体育館までの距離は，駅から図書館までの距離と同じである。
エ　体育館から図書館までの距離は，体育館から交番までの距離より短い。
オ　交番から駅，学校，図書館，病院までの距離はそれぞれ同じである。

1　学校

2　交番

3　体育館

4　図書館

5　病院

どれか一か所を基準にして，位置関係を図にあらわします。

アの条件から，まず，図書館を中心とする半径rの円を考え，その円周上に駅，学校，交番，体育館があるといえます。

続いて，イ，オの条件から，図書館の真東に交番を配置し，交番を中心とする半径rの円を考えると，その円周上に駅，学校，図書館，病院があるといえます。

ア，オの条件から，二つの円の交点には駅と学校があることがわかります。ここで，最も南に位置する施設が駅ですから，南（下）側が駅，上（北）側が学校と決まります。

さらに，ウ，エの条件から，体育館～学校の距離がrで，体育館は交番よりも図書館に近いことがわかるので，学校の西側に距離rをとった位置に体育館があると決まります。病院の位置は確定できません（図）。

以上のことから，駅から見て真北に位置するのは学校だとわかります。

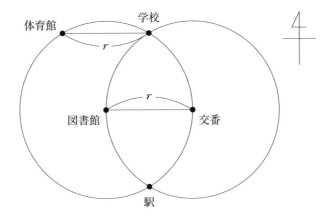

解答のポイント

「○○から××，□□，△△までの距離はそれぞれ同じである」という条件を図であらわすときは，○○を中心にした円を考えて，その円周上に××や□□，△△を置いてみるといい。

本問でいうとまずは，アの条件から図書館を中心とした円を考え，次にエの条件から交番を中心とした同じ大きさの円を考え，両方の円周上に存在している駅，学校は2つの円の交点に置けばいいということになる。あとは，多少試行錯誤する必要はあると思うけど，円が書けると，かなりわかりやすくなるよね。

正解 **1**

重要度 **S**

平成23年
特別区

制限時間 ⏳ 5分

問題演習
記録

1回目 ／ □
2回目 ／ □
3回目 ／ □

地図上の位置関係②

問題 4　ある区にはA〜Fの6か所の施設がある。今，A〜Fの位置関係について，次のア〜エのことが分かっているとき，確実にいえるのはどれか。

ア　Aは，Bの南東，Cの東に位置している。
イ　Dは，Cの北，Eの西に位置している。
ウ　Eは，Aの北，Fの南東に位置している。
エ　Fは，Bの北，Dの北東に位置している。

❶　Aは，Dの南東に位置している。

❷　Bは，Cの北東に位置している。

❸　Cは，Eの南西に位置している。

❹　Dは，Bの西に位置している。

❺　Fは，Aの北西に位置している。

それぞれの条件を図にあらわしてみましょう。

距離が決まっていないので，動くことができる場合には，その方向を書き入れておきます。

ア：A は，B の南東，C の東に位置している。

イ：D は，C の北，E の西に位置している。

ウ：E は，A の北，F の南東に位置している。

エ：F は，B の北，D の北東に位置している。

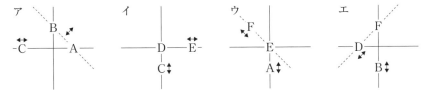

図ア，イ，ウを重ねると，**四角形 EDCA は長方形であること**（……①）がわかります。また，

図イ，ウ，エを重ねると，**△FDE は直角二等辺三角形であること**（……②）もわかります。

①，②と条件エより，**直線 FB は長方形 EDCA の対称軸であること**がいえます。これと条件アより，∠BAC ＝ ∠BCA ＝ 45°，すなわち，B は常に C の北東にあると決まります（なお，他の選択肢は，長方形 EDCA の辺の長さによって 8 方位からずれる場合があるので，確実にはいえません）。

解答のポイント

　位置関係の問題は，まずは手を動かして条件を満たす位置関係を作ってみよう。本問は距離が明記されていないから，距離は自由だね。条件を満たす位置関係が 1 つ決まったら，選択肢を見る。そのとき，必ずしも選択肢が 1 つに決まらないかもしれないけど，そういうときは慌てず，最初に作った位置関係とは違ったパターンの位置関係を作ってみよう。

　それで，また選択肢を見る。それでもまだ 1 つに決まらなければ，更に別パターンを作る……。「確実にいえること」は，どのパターンであれ，条件を満たしているパターンならば，いえることのはずだ。選択肢が 1 つになるまで，条件にあうパターンを作り続ける。そういうつもりで臨んでみて！

セクション 6

位置・配置

正解 **2**

重要度

B

平成26年
特別区

制限時間 ⏳ 5分

問題演習
記録

1
回目 ／ □

2
回目 ／ □

3
回目 ／ □

部屋割り

問題
5

次の図のような3階建ての建物にある A ～ L の12の部屋は，野球部，サッカー部，バスケットボール部，陸上部，テニス部，ゴルフ部，柔道部，剣道部，空手部，ラグビー部の部室になっている。今，次のア～カのことが分かっているとき，確実にいえるのはどれか。

ア　野球部とゴルフ部の部室は，通路を挟んで真向いにある。
イ　サッカー部とラグビー部の部室は，1階にある。
ウ　バスケットボール部の部室は，3階にある。
エ　陸上部は，隣り合った2つの部屋を部室にしている。
オ　テニス部は，隣り合った2つの部屋を部室にしている。
カ　柔道部と剣道部の部室は，同じ階にない。

① 野球部の部室は，1階にある。

② 剣道部の部室は，3階にある。

③ 空手部の部室は，3階にない。

④ サッカー部とラグビー部の部室は，隣り合っている。

⑤ テニス部と陸上部の部室は，同じ階にない。

　条件を満たしたうえで，選択肢をなるべく多く消せるような配置を考えます。例えば，同じ階で2部屋埋まるテニス部，陸上部，野球部・ゴルフ部の組に注目すると，以下のようになります。

　初めに，テニス部と陸上部に関する選択肢 **❺** を消します。つまり，テニス部と陸上部を同じ階に入れます。1階も3階も他の部が入っているので，2階に入れます。

　続いて，選択肢 **❶** を消します。野球部は3階，ゴルフ部は野球部の向かいです。

　ここで，柔道部と剣道部はどちらかが3階に入ることになりますから，柔道部を3階に入れると，選択肢 **❷** が消えるとともに3階が埋まります。

　図は，以上の条件を満たす配置の一例です。

1階

サッカー	剣　道
ラグビー	空　手

2階

テニス	テニス
陸　上	陸　上

3階

野　球	バスケ
ゴルフ	柔　道

　したがって，正解は **❸** です。

　なお，選択肢 **❸** が消えるような配置，つまり，空手部を3階に配置した場合を考えると，残りの部室（テニス部・陸上部・野球部とゴルフ部のいずれか）が配置できなくなります。

解答のポイント

　位置・配置の問題は，まずは，条件を満たす配置をとりあえず1つは作ってみる！　これに尽きる。いいの，いいの，深く考えなくて。軽ーい気持ちで1個，配置のパターンを作ってみる。で，選択肢を見る。それで，もし複数の選択肢が残るようなら，今度は別のパターンを作ってみる。それから，また選択肢を見る……。この繰り返し。深く考え込むのは，時間の無駄。人生と同じだね。（笑）

　レッツ，トライ！

正解 **3**

セクション **6** 位置・配置

重要度 **A**

平成26年
国家専門職

制限時間 ⏳ **5分**

問題演習
記録

1回目 ／ ☐　2回目 ／ ☐　3回目 ／ ☐

整列

 問題6

記念撮影のため，A～Hの男女8人が横一列に並んで同じ方向を向いている。撮影する人が自分から見たA～Hの並び方について次のように述べているとき，確実にいえるのはどれか。

○　AとGは男性であり，B～Eは女性である。
○　Aは左から3番目におり，Gは左から7番目にいる。
○　Bの右隣には男性がおり，左隣にはEがいる。
○　Cの右隣には男性がおり，左隣にはFがいる。
○　Dの右隣には女性がおり，左隣には男性がいる。
○　Gの右隣には男性がおり，左隣には女性がいる。

❶ 男性は全部で4人いる。

❷ 男性が連続して3人並んでいる。

❸ 女性は全部で5人いる。

❹ 女性が連続して3人並んでいる。

❺ Fは女性である。

1番目の条件より，男性はAとG，女性はB〜Eとわかりますが，FとHの性別はわかりません。2番目の条件と最後の条件より，図Iの並び方が確定します。

図I	1	2	3	4	5	6	7	8
			A				G	
			男			女	男	男

また，3番目〜5番目の条件（それぞれ①〜③と置く）は右のようにあらわすことができます。

①	E	B	男

②	F	C	男

③	男	D	女

この3連のブロックを，図Iに当てはめていきましょう。

まず，右端のマス(8)の男性は，性別が不明のFとHのどちらかですが，②より，Fの右隣りはCなので，右端に入るのはHと確定します。

次に，1〜3のマスについて見ると，①のブロックを入れられます。

この場合，5〜7のマスに②が入り，残る4のマスにDが来ます（このとき，5のマスに入っているのは性別不明のFですが，③より，Fは女性と確定します。図II）。

図II	1	2	3	4	5	6	7	8
	E	B	A	D	F	C	G	H
	女	女	男	女	女	女	男	男

ただし，1〜3のマスについては，②のブロックをはめ込むことも可能です。この場合は，5〜7のマスに①が入り，残る4のマスには，やはりDが入ります（このときは1のマスに入っているFの性別は確定しません。図III）。

図III	1	2	3	4	5	6	7	8
	F	C	A	D	E	B	G	H
	?	女	男	女	女	女	男	男

図II，IIIより，4〜6のマスでともに女性が3人並びます。

解答のポイント

本問は，条件を満たすパターンが大きく分けると2パターンあるよね。E→B→男1，F→C→男2っていう条件があるけど，この男1をAと考えるか，Gと考えるかの2パターンだ。

例えば，男1をA，男2をGと考えれば，条件を満たすのは，EBADFCGHとなり，この時，選択肢としては❸，❹，❺が残る。次に，男2をA，男1をGと考えると，FCADEBGHとなるけど，このときFの性別に関しては，はっきりしない。だから，❸と❺は確実にいえるわけではないので，正解は❹になる。

正解 **4**

重要度 **S**

連絡経路と配置①

問題7 ある国には A 島～ E 島の五つの島があり，これらの島は空路で結ばれている。各島の位置と空路の概略は図のとおりで，各島間の交通事情について次のことが分かっているとき，確実にいえるのはどれか。なお，各島間の交通手段は航空機のみである。

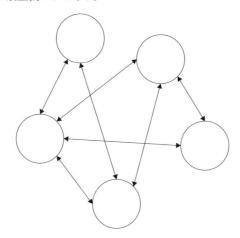

- ○ A 島と B 島は直行便で結ばれている。
- ○ A 島から D 島への直行便はない。
- ○ B 島から D 島への直行便はない。
- ○ B 島から E 島への直行便はない。

❶ A 島からは，二つの島にのみ直行便で行くことができる。

❷ B 島から C 島への直行便はない。

❸ C 島から E 島への直行便はない。

❹ D 島から E 島への直行便はない。

❺ E 島からは，三つの島にのみ直行便で行くことができる。

　与えられた図を簡略化して，右の図のようなもので考えてみましょう（島をあらわす円の中の数字は，直行便で結ばれている島数を示します）。

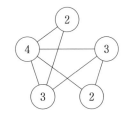

　条件から A ～ E の間のつながりをまとめると，以下のようになります（○は直行便のあるルートを，×はないルートを示します）。

　図をもとに，それぞれの島における直行便の数を考えると，×が 2 つついている B と D が 2，×が 1 つもついていない C が 4 と決まります（選択肢 ❷ と ❸ が消える）。また，残った A と E が 3 と決まります（→選択肢 ❶ が消え，❺ は消えない）。A と B がつながっていること踏まえて島の配置を考えると，次の 2 通りになります。

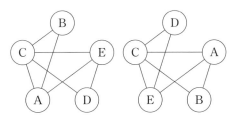

　図より，どちらの場合も D と E はつながっているので，選択肢 ❹ が消えます。

　位置問題は，「とりあえず条件を満たす配置を 1 つは作れ」というけれど，どこから決めていけばいいのかは悩みどころだよね。特に，本問の条件は「○○はない」と，否定文が多いからね。困ったときは，条件の中でよく登場するものを先に考えよう。

　例えば，B 島は A ○，D ×，E ×だから多くても直行便は A と C の 2 島になるし，D 島も同様に A ×，B ×だから，直行便は C 島と E 島の 2 島になるよね。図を見ると直行便が最も少ない島でも最低 2 本は直行便があるから，B，D 島はこの 2 島のどちらかになるはずだ。そうなってくれば，あとはとりあえず B と D の位置を決めて，他の島を配置していこう！

正解 **5**

セクション **6** 位置・配置

149

重要度 B

平成24年
裁判所職員

制限時間 ⏳ 4分

問題演習
記録

1回目 ／□　2回目 ／□　3回目 ／□

連絡経路と配置②

問題 8

7都市A，B，C，D，E，F，Gがあり，いずれの2都市間においても1日1往復の航空便が運行されている。しかし，今日は悪天候のため，そのうちいくつかの路線で往路と復路がともに運休している。F市では空港が終日閉鎖されており，A市はF市以外の5都市と，またB，C，D，Eの各都市はそれぞれ4都市，3都市，2都市，1都市のみとの運行が維持されているが，それ以外は全便運休している。また，G市の状況は不明である。このとき，C市とD，E，Gの各都市，D市とE，Gの各都市を結んでいる計5路線のうち，運行している路線はいくつあるか。

1 なし

2 1路線

3 2路線

4 3路線

5 4路線

　都市間のつながりを，リーグ戦の表にまとめてみましょう。ただし，**F市は全都市と不通**になっているので省略します。

　以下では，○は該当都市間の運行が維持されていることをあらわし，×は運休していることをあらわします。

　条件より，F市以外のA，B，C，D，E，Gの6都市において，**A市は5都市で○，つまり，F以外の全部で○**となります。

　また，B，C，D，E，Gの各市について，運行している路線数をまとめると，表1のようになります。

表1

	A	B	C	D	E	G	路線
A		○	○	○	○	○	5都市
B	○						4都市
C	○						3都市
D	○						2都市
E	○						1都市
G	○						不明

　E市は○が1つで，すでにA市に○がついているので，それ以外は×と決まります。よって，E市の行のA市以外の欄と，それに対応する欄には×が入ります。

　次に，B市に注目します。**B市は○が4つ，つまり×は1つで，すでにE市に×がついているので，A市の他，C，D，G市と○であることがわかります。**

　先ほどと同様，対応する欄にも○が入ります。

　続いて，D市を見ると，○が2つで，すでに○が2つついているので，残りの欄には×が入ることがわかります（対応する欄にも×が入ります）。

　最後に，C市は○が3つで，すでに○が2つついています。空欄はG市のみなので，G市と○であることが決まります

　以上をまとめると，表2のようになり，状況が明らかになります（G市の状況は不明でしたが，3都市と○であったことがわかります）。

表2

	A	B	C	D	E	G	路線
A		○	○	○	○	○	5都市
B	○		○	○	×	○	4都市
C	○	○		×	×	○	3都市
D	○	○	×		×	×	2都市
E	○	×	×	×		×	1都市
G	○	○	○	×	×		不明

　表2をもとに，問題の「C市とD，E，Gの各都市，D市とE，Gの各都市を結んでいる計5路線」を確認すると，運行している路線（○）はC市とG市の間の1路線のみとわかります（表2の赤枠部）。

解答のポイント

　解説文では，表を使っている。もちろん表もいいけど，別の方法としては，図を描いてみる方法もある。

　例えば，A市はF市以外の5都市と運行が維持されているから，その状態を線で結んでみる。すると，E市はA都市と線が結ばれ，Eは1都市のみとの運行だから，他の都市と線で結ばれることはないよね。

　次に，Bは4都市と運行しているけど，A市とはすでに結ばれていて，EとFとは運行が維持されていないので，それ以外のCDGと線を結ぶことになる……というぐあいで下のような図を描いてみれば正解が見えてくるよね。

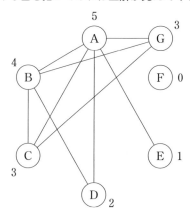

正解 **2**

自動車の席順

> 問題 9
>
> A〜Hの8人が4人乗り自動車2台でスキー場に行った。8人の内訳は, 男4人, 女4人であり, また, スキーヤー3人, スノーボーダー5人となっている。次のことが分かっているとき, 確実にいえるのはどれか。

○運転免許保有者は4人で, 図のように, 行きはAとE, 帰りはBとFが運転した。

○行き帰りとも助手席には運転免許保有者が座った。

○行き帰りとも車内の座席は男女が隣どうしとなるように座った。

○Fは女性のスキーヤーで, 他の女性はスノーボーダーだった。

○Aは男性でスキーヤーだった。

○DとGはスノーボーダーで, 行きも帰りも隣どうしとなった。

○Fが運転した車に乗った者は, 自身を除くと全員スノーボーダーだった。

(行 き)

(帰 り)

① B, Cは帰りの車が一緒だった。

② Cはスキーヤーである。

③ D, F, Gは行き帰りとも同じ車に乗った。

④ EとHが同じ車に乗ることはなかった。

⑤ Hは男性である。

まずは，A〜Hの8人について，問題文に書かれている内容を確認します。

・男4人，女4人

・スキーヤー (s) は3人，スノーボーダー (b) は5人

・4人ずつ2台の車にのって，スキー場に行った（往復した）

続いて，与えられた条件を上から1〜7として，順に整理します。

以下，与えられている図の左側を自動車①，右側を自動車②として，行き①，行き②，帰り①，帰り②とあらわします。

条件1：運転免許保有者は，A，B，E，Fの4人。

条件2：行き帰りとも助手席には運転免許保有者が座った。

　　　　運転免許保有者4人のうち2人は運転席に座っているので，

　　　　残り2人が助手席に座ることが決まります。

　　　　⇒行き①・行き②の助手席にはBかFが座った（順不同）　…2a

　　　　⇒帰り①・帰り②の助手席にはAかEが座った（順不同）　…2b

条件3：行き・帰りとも男女が隣どうし。

条件4：女性の (s) はFのみで，女性の (b) が3人。

　　　　⇒男性の (s) が2人，男性の (b) が2人。

条件5：Aは男性で (s)。

条件6：隣どうしに座ったD (b) とG (b) は異性。

条件7：帰り②に乗ったのは，F以外全員 (b)。

条件2b，4，7に注目すると，帰り②の助手席に座ることができるのは男性の (b) で，A（男，s）は該当しないので，ここに座るのがEと決まり，Eが（男，b）と確定します。同時に，帰り①の助手席にはA（男，s）が座ることも確定します。

これと条件4より，帰り①の運転手Bは（女，b）と決まります。

ここで (b) の数に着目すると，条件7より，帰り②には (b) は3人乗ったので，帰り①には (b) は2人乗ったことになります。帰り①にはB（女，b）が乗っているので，帰り①には (b) があと一人だけ乗ったことがわかります。これと条件6から，隣どうしのD (b) とG (b) は帰り②に乗ったことが判明します（性別は決まりません）。

よって，帰り①の後部座席に座ったのは，残ったCとHで，それぞれが（男，s）か（女，b）のどちらかになりますが，これも決まりません。

ここまでを図にあらわすと，次のようになります。

お役立ち情報で
公務員を考えるあなたを応援

将来は《**ゼッタイ、公務員！**》という方から、
公務員って実際《**どんな仕事なの？**》という方まで。
伊藤塾からお役立ち情報をお届けします！！

公務員試験 メールマガジン

身近な出来事から学べる『学習コラム』や
押さえておきたい『時事ニュース』などを配信。
[毎週水曜日]

まだ伊藤塾マイページを お持ちではない方

新規会員登録が必要となります。
ご登録の際、配信を希望するメールマガジン
を選択・登録いただけます。

> 新規会員登録はコチラから →

すでに伊藤塾マイページを お持ちの方

マイページにログイン
→ プロフィール編集画面
→ メールマガジンを「希望する」を選択
→ 配信希望のメールマガジンを登録。

Twitter＆ Facebook

試験情報やインターンシップ・
業務説明会の情報など、
公務員を考える皆さんに役立つことを
四季折々の情報とあわせてお届け。

Twitter 伊藤塾 公務員試験

伊藤塾 公務員試験 公式ツイッターです。
主に採用情報や試験情報などを更新しています。
@itojuku_komuin

Facebook 伊藤塾 公務員試験

伊藤塾 公務員試験 公式フェイスブックページです。
「いいね！」ボタンで応援してください！
https://www.facebook.com/itojuku.komuin/

公務員試験 ブログ

「なるほど！」と思えるコンテンツが中心。
公務員として活躍するために、といったオーソドックス
なものから、普段の生活の中に現れる各科目、といった
ゆるめのものまで、多彩なラインナップ。

\ **最新の情報が満載！** /　伊藤塾　公務員　🔍　https://www.itojuku.co.jp/

本での学びと何が違う？

伊藤塾 法律資格・公務員 法科大学院

講義を無料体験してみよう！

書籍を使って独学するか、予備校を使おうか…
そんなお悩み、**実際の講義を受講してから決めればいいんです！**

これからの学習方法を決めるために、ご自分の目と耳で確かめて判断するためのコンテンツをご用意しました。

対象者 | **公務員を考える方、公務員に興味のある方**

Contents

☑ 憲　法 ──────────── 基礎力養成

☑ 民　法 ──────────── 基礎力養成

☑ 行政法 ──────────── 基礎力養成

☑ 経済学 ──────────── 基礎力養成

☑ 「公務員試験、
　　これだけ知っておけば大丈夫」シリーズ ── ガイダンス

- 公務員の仕事と試験制度
- 教養試験と専門試験、どこまで何をやるべきか
- 一般論文試験、ニュースの見方がカギになる
- 面接・グループワーク、試される力はこれ
- 知っていますか？ 民間就活とも併願できること

スマホで
チェック

 伊藤塾Webサイトからご覧いただけます →

チラシ有効期限 2021年1月31日 20148_200410H

行き①	
助手席	運転席
B or F 女（ ）	A 男（s）
DとG 男（b）と女（b）	
CとH 男（s）と女（b）	

行き②	
助手席	運転席
F or B 女（ ）	E 男（b）
CとH 男（s）と女（b）	
DとG 男（b）と女（b）	

帰り①	
助手席	運転席
A 男（s）	B 女（b）
CとH 男（s）と女（b）	

帰り②	
助手席	運転席
E 男（b）	F 女（s）
DとG 男（b）と女（b）	

上の図をもとに，各選択肢を検討します。

① BとCは，帰り①で一緒です。正しい。

② Cは（男，s）か（女，b）のどちらかなので，確定しません。

③ 行きの自動車でFとD・Gが別の車になる可能性があるので，確定しません。

④ 行き②でEとHが同じ車に乗る可能性があるので，確定しません。

⑤ 選択肢**②**と同様，Hは（男，s）と（女，b）のどちらかなので，確定しません。

セクション **6** 位置・配置

解答のポイント

　A〜Hの8人の中に，スキーヤー3人，スノーボーダー5人，男4人，女4人がいて，更に座席の位置を求める問題。条件が細かいから，問題文の図以外に性別，スキーヤーか，スノーボーダーかの区別が整理できる表を作ってもいいね。Fは女性のスキーヤーで，残り3人の女性はすべてスノーボーダーだということは，スノーボーダー＝【女3人，男2人】だとわかるし，スキーヤー＝【女1人（F），男2人】だとわかるね。行き帰りとも助手席には運転免許保有者が座ったということだから，帰りのFの助手席はスキーヤーのAではなく，Eが座り，Eが男で，スノーボーダーだとわかる。また，帰りのBの助手席はAだから，Bが女でスノーボーダーということもわかるよね。また，帰りのFの運転した車は全員スノーボーダーだということだけど，助手席にEが座り，後席にスノーボーダーの男女が座ることになるけど，それはDとGだね。となると，おのずとBの後席はCとHの2人が座る。ここまでで，正解は**①**だ！

正解 **1**

円卓の席順

問題 10

図のように，円卓を囲んで A ～ F の 6 人が座っている。全員，お互いに他の者が座っている位置を知っている。現在，6 人のうち 4 人は円卓のほうを向いて座っているが，他の 2 人は，円卓を背にして座っている。A ～ E の 5 人は，自分からみた場合の他の者の座り方に関して次のように発言した。このとき，円卓を背にして座っている者の組合せとして最も妥当なのはどれか。

A：「右隣に C，さらにその隣に F が座っている。」

B：「右隣に E，左隣に D が座っている。」

C：「左隣に F，さらにその隣に D が座っている。」

D：「右隣に B，左隣に F が座っている。」

E：「右隣に B，左隣に A が座っている。」

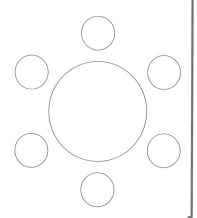

① A，B

② A，D

③ B，F

④ C，E

⑤ D，F

156

背を向けて座っている人の発言は，左右が逆になります。

全員が円卓のほうを向いていると仮定したときに，矛盾しているものを見つけましょう。

各発言を，それぞれ以下のようにあらわします。

A：「右隣にC，さらにその隣にFが座っている。」⇒A－C－F
B：「右隣にE，左隣にDが座っている。」⇒D－B－E
C：「左隣にF，さらにその隣にDが座っている。」⇒D－F－C
D：「右隣にB，左隣にFが座っている。」⇒F－D－B
E：「右隣にB，左隣にAが座っている。」⇒A－E－B

BとCを比べると，Dの右側に座っている2名の並びが違っているので，両者は矛盾しています。そこで，BかCのどちらかが円卓を背にして座っていると予想します。

さらに，AとCを見比べると，CとFの並び順がちょうど逆になっているので，Cの向きが逆であると見当がつきます。

よって，Cの発言を左右逆にして（C→F→D），A，Bの発言と合わせると，A－C－F－D－B－E－（A）という並びが得られます。

この順番にDの発言は合致しますが，Eの発言とは合いません。よって，Eも向きが逆になっていることがわかります。

解答のポイント

円卓にA～Fが座って，発言をしている。このとき気を付けたいのは，円卓に座るとき，普通は誰もが円卓のほうを向いて座るよね。それなのに，本問は，天邪鬼がいて，円卓に背中を向けて座っている人が2人いる。変人だね（笑）。

まあ，ひとまずAさんは円卓のほうを向いていると仮定して，それぞれの位置を決めていこう。上空から円卓を見たときにAの位置を一番上にしたとして，Aの発言からCとFの位置は，反時計回りにCFと並ぶ。すると，Cの発言を見るとCが円卓を向いているとすると，発言内容に矛盾が出てくるよね。そこで，Cさんを背中向きにしてみよう。あとは，同様にして他の人たちの発言を見て，位置を決めていこう。結局，円卓のほうに背中を向けて座っているのはCとEの2人だ！

正解 **4**

選択肢を絞り込む

　条件をパーツ化し，それらをパズルのように組み合わせ，条件に合うパターンを作る→選択肢を絞り込む→（1つに絞り込めなければ）別パターンを作る→更に選択肢を絞り込む……。これを繰り返し行います。

手順

重要度
A

平成25年
裁判所職員

制限時間 ⏳5分

問題演習
記録

1回目 ／ □
2回目 ／ □
3回目 ／ □

天秤とコイン

問題1

見かけが同じ13枚のコイン A1，A2，A3，A4，B1，B2，B3，B4，C1，C2，C3，C4，C5がある。この中に1枚だけ重さの異なるコインが紛れている。天秤を3回使って重さの異なる1枚のコインを見つけたい。天秤を1回使って A1，A2，A3，A4の4枚と B1，B2，B3，B4の4枚の重さが等しいことが分かった。このとき，重さの異なるコインを見つけるために2回目にコインを天秤にかける方法として最も適当なのはどれか。

1 C1 と C2 を天秤にかける。

2 C1，C2の2枚と C3，C4の2枚を天秤にかける。

3 A1，C1の2枚と C2，C3の2枚を天秤にかける。

4 A1，C1，C2の3枚と C3，C4，C5の3枚を天秤にかける。

5 どのように天秤にかけても3回目で見つけるのは不可能である。

ここでは，重さの異なるコインを「ニセモノ」，それ以外の12枚を「ホンモノ」と呼びます。また，天秤で重さを比べることを (A1) − (A2) のようにあらわします。

1回目の操作より，ニセモノは C1 〜 C5 の中に入っていることは明らかです。ただし，**ニセモノがホンモノに比べて重いか軽いかはわかっていません。**

重さの違いがわかっていれば，選択肢 **2** のように (C1，C2) − (C3，C4) を天秤にかけるのが一般的ですが，今回の条件では，釣り合わなかったときに，どちらにニセモノが含まれているかは3回目で判明しません（重いほうと軽いほうのどちらにニセモノが含まれているかはわからないため）。よって，選択肢 **2** は不適です。

そこで，選択肢 **3** について調べてみましょう。(A1，C1) − (C2，C3) について，
(1) 釣り合う場合

A1 がホンモノと確定しているので，C1 〜 C3 はいずれもホンモノ，つまり，**ニセモノは C4 か C5 のどちらかに決まります。**

そこで3回目では，**A1 と C4 を比べます。**この2枚が釣り合えば，ニセモノは C5 です。釣り合わなければニセモノは C4 ですから，3回目で確定します。
(2) 釣り合わない場合

ニセモノは C1 〜 C3 のうちのどれかになります。ここで，3回目には (A1，A2) − (C1，C2) を調べます。これが釣り合えばニセモノは C3 と決まります。

釣り合わなかった場合のニセモノは C1 と C2 のどちらかですが，このときは，**2回目・3回目の各回で，重かったのはどちらだったかも含めて検討します。**
① 2回目に (A1，C1) のほうが (C2，C3) より重かった場合

C1 がホンモノより重い場合と，C2 がホンモノより軽い場合が考えられます。

3回目に (A1，A2) のほうが重かったときは，C2 がニセモノです。

3回目に (A1，A2) のほうが軽かったときは，C1 がニセモノです。
② 2回目に (A1，C1) のほうが (C2，C3) より軽かった場合

C1 がホンモノより軽い場合と，C2 がホンモノより重い場合が考えられます。

3回目に (A1，A2) のほうが重かったときは，C1 がニセモノです。

3回目に (A1，A2) のほうが軽かったときは，C2 がニセモノです。

以上より，選択肢 **3** の方法で，3回目にニセモノのコインが判明します。

よって，正解は **3** です。

念のため，**2**，**3** 以外の選択肢について確認してみましょう。
1 C1 と C2 が釣り合った場合に，あともう1回で C3 〜 C5 から1つを確実に特定することはできません。

❹ （A1，C1，C2）－（C3，C4，C5）は，必ずニセモノが含まれているので，釣り合いません。しかし，もう1回天秤を使っただけではそれがどれかまでは特定できません。

❺ 選択肢❸のやり方なら3回目で見つけられます。

　見かけが同じ13枚のコインの中に1枚だけ「重さの異なるコイン（これをニセコインと呼ぼう）」が紛れていて，それを天秤を3回使って見つける問題。うーん，普通に1枚ずつ量ればいいのに。なんてことは言わないように。(笑)

まず，1回目の計量で（A1〜A4）＝（B1〜B4）になったのだから，この中はすべて本物コインだね。そう，ニセコインは C1〜C5 の中にあるはずだ。選択肢を一つひとつ検討していこう。

選択肢❶：C1 と C2 を天秤に掛ける→ニセコインが重いのか軽いのかわかっていないから，これは意味ない。

選択肢❷：C1 と C2 の2枚と C3 と C4 の2枚を天秤にかける→これも選択肢❶と同様，意味はない。

選択肢❸：A1，C1 の2枚と C2，C3 の2枚を天秤にかける。この結果，

① つりあったら，C4 か C5 がニセコインだから，3回目には C4 と本物を量ればいい。

② A1 側が重く，C2 側が軽い場合，可能性として，「C1 が重い」か「C2，C3 のどちらかが軽い」かなので，3回目には C2，C3 を計量すればいい。その結果，つりあえば，C1 がニセコイン。つりあわなければ，C2，C3 のどちらか軽いほうがニセコイン。

③ A1 側が軽く，C2 側が重い場合，可能性として，「C1 が軽い」か「C2，C3 のどちらかが重い」かなので，3回目には C2，C3 を計量すればいい。その結果，つりあえば，C1 がニセコイン。つりあわなければ，C2，C3 のどちらか「重い」ほうがニセコイン。

やった，どちらにしても3回でニセコインは見つかるね！

正解 **3**

重要度 **A**

平成23年
特別区

制限時間 ⏳ **4分**

問題演習
記録

1回目 ／ □　2回目 ／ □　3回目 ／ □

油分算

問題
2

樽に12L のワインが入っている。このワインを 5L の升 A と 7L の升 B を使って 6L ずつに分けることにした。最少の回数で分けるには，何回の移し替え操作が必要か。ただし，ワインは樽に戻してもよく，樽と升 A，樽と升 B 及び升 A と升 B の間でワインを移すごとに 1 回の操作と数えるものとする。

① 10回

② 11回

③ 12回

④ 13回

⑤ 14回

ビリヤード算を使って解きます。次の2通りが考えられます。

(1) 縦軸に7Lの升B，横軸に5Lの升Aをとる（以下，図Ⅰ参照）。

① 升Bに満杯に入れる

② 升Bから升Aへ，満杯になるようにワインを移す（升Bには2Lが残る）

③ 升Aのワインを樽に戻して空にする

④ 升Bに残っている2Lを升Aに移す

⑤ 再び，升Bに満杯に入れる

…という手順を繰り返すと，11回目で，升Bにできるワインと樽に残るワインがともに6Lとなります。

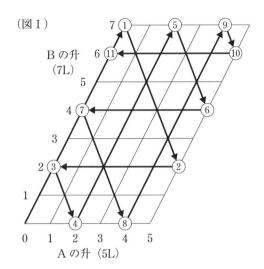

（図Ⅰ）

Bの升（7L）

Aの升（5L）

(2) 縦軸に5Lの升A，横軸に7Lの升Bをとる（以下，図Ⅱ参照）。

① 升Aに満杯に入れる

② そこから升Bへ，全部のワインを移す（升Bにはあと2L入る）

③ 升Aに満杯に入れる

④ 升Aから升Bへ，満杯になるようにワインを移す（升Aには3Lが残る）

⑤ 升Bのワインを樽に戻して空にする

⑥ 升Aに残っている3Lを升Bに移す

⑦ 再び，升Aに満杯に入れる

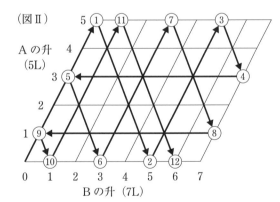

（図Ⅱ）

Aの升（5L）

Bの升（7L）

…という手順を繰り返すと，12回目で，升Bにできるワインと樽に残るワインがともに6Lとなります。

(1)のほうが 1 回少ないので，(1)を採用します。

セクション

7

手
順

解答のポイント

　日本最古の数学パズル問題と言われている「油分算」の登場だ！　非常に有名な問題なので，解き方を知っている人も多いかもしれないけど，初めての人にとっては，ちょっとわかりにくいよね。解説文を補足すると，今回入れ物は 3 種類。5 L の A，7 L の B，そして，12L を C とする。このとき，解説文で「ビリヤード算」と名前のついた図 1 では，横軸に A の目盛をとり，縦軸に B の目盛をとる。このとき，C の目盛はこの表に登場してこないが，ちゃんと存在はしているよ。C のワインの量は 12 −（B の量と A の量の和）で求められるから，表にはあらわさなくてもいいんだ。それでは，手順を順に追っていこう。

① C（12L）→ B（7 L）このとき A は 0 L，C には 12 − 7 ＝ 5 L 残る。

② B（7 L）→ A（5 L）このとき B には 2 L 残る。

③ A（5 L）→ C（5 L）このとき A は 0 L になり，B は②のときと同じ 2 L だ。C は 12 −（2 ＋ 0）＝ 10L になる。

④ B（2 L）→ A（2 L）……というぐあいに，あとは底辺にぶつかったら，上に上り，上辺にぶつかったら，斜め右下へ降り，右の辺にぶつかったら，まっすぐ直線で左へ向かう。左辺にぶつかったら，斜め右下へ……ということを繰り返していく。

　そうすると，⑪のときに B（6 L），A（0 L），C（6 L）ということになり，見事，11回目で12L のワインは 6 L ずつに分けることができました！

　めでたし，めでたし。

正解 2

問題文の作業を実行する

　問題文中のルールに従って，実際にその作業を頭の中で行ってみます。

　その中で規則性を発見できれば，解決の糸口が見えてきます（「ニセ金」「油分け」「川渡り」等，解法パターンの決まっている問題もあります）。

セクション
8

試合

リーグ戦①（ホーム＆アウェイ式）

問題1 A～Dの4チームが，サッカーの試合を総当たり戦で2回行った。
　今，2回の総当たり戦の結果について，次のア～オのことが分かっているとき，確実にいえるのはどれか。

　ア　AがBと対戦した結果は，2試合とも同じであった。
　イ　Bが勝った試合は，4試合以上であった。
　ウ　CがAに勝った試合はなかった。
　エ　Dが勝った試合はなかった。
　オ　各チームの引き分けた試合は，Aが2試合，Bが1試合，Cが1試合，Dが2試合であった。

1 Aが勝った試合は，2試合であった。

2 Bは，Cとの対戦で少なくとも1試合負けた。

3 Cが勝った試合は，3試合であった。

4 Dは，Bとの対戦で2試合とも負けた。

5 同じチームに2試合とも勝ったのは，2チームのみであった。

4チームで2回の総当たり戦（＝リーグ戦）ですから，1チームの試合数は6です。
条件ウ・エはそれぞれ，次のように言いかえることができます。
条件ウ「CがAに勝った試合はなかった」⇒「CはAに負けたか，引き分けた」
条件エ「Dが勝った試合は無かった」⇒条件オと合わせて「Dは0勝4敗2分」

ここで，AとBの対戦について考えます。条件アから，この試合はAの2勝か，2敗か，2分けのいずれかですが，条件イ・オより，Bは4勝1敗1分か，5勝0敗1分のどちらかですから，Aが2敗していることが確定します。

この時点で，条件オと合わせると，Aは2敗2分です。

条件ウ・エより，AはC・Dには負けていないので，残り2試合は2勝していることが確定します。

よって，この時点で❶が正しいことがわかります。

解答のポイント

　本問はどこから考えてよいものやら……。まず，4チームが総当たり戦で各チームと2試合ずつ行うから，合計2×3＝6試合ずつ試合をする。また，アの条件「AとBが対戦した試合は2試合とも同じ」というのがあるけど，これって，①Aが2試合勝つ，②Aが2試合負ける，③Aが2試合引き分けの3通りだけど，③はBの引き分けが1試合という条件からして違うよね。また，①だとBが2試合負けて，更に引き分けも1試合あるから，Bの成績はどんなに良くても3勝2敗1分ってことになり，イの条件に反する。だから，②のパターンが確定だ。また，AはCやDには負けてないのだから，少なくとも2勝はしている。となると，Aの成績は2勝2敗2分だ！　ここで選択肢❶は選べるね。

　リーグ表を使って整理するより，わかりやすいけど，リーグ表は最後まで完成するとは限らないから，気を付けてね。

セクション **8** 試合

正解 **1**

重要度

S

平成25年
特別区

制限時間 ⏳5分

問題演習
記録

1回目 ／☐　2回目 ／☐　3回目 ／☐

リーグ戦②（途中経過）

問題2
A～Fの6人が柔道の総当たり戦を行った。今，その途中経過と最終結果の一部について，次のア～キのことが分かっているとき，この総当たり戦の最終結果について確実にいえるのはどれか。ただし，同じ相手との対戦は1回のみとする。

ア　Aは，1試合終了時点で0勝1敗であった。

イ　Bは，2試合終了時点で1勝1敗であった。

ウ　Cは，4試合終了時点で，Bに勝ち2勝2敗であった。

エ　Dは，2試合終了時点で，Aに勝ち1勝1敗であった。

オ　Eは，2試合終了時点で2勝0敗であった。

カ　Fは，2試合終了時点で，Cに敗れ1勝1敗であった。

キ　総当たり戦の終了時点で引き分けた試合はなく，同じ勝敗数の人はいなかった。

❶ Bは，2位であった。

❷ Cは，3位であった。

❸ Dは，4位であった。

❹ Bは，Fに勝った。

❺ Cは，Dに勝った。

　各人の試合数は 5 であることと条件キより，各人の成績は，全勝（1 位）・4 勝 1 敗（2 位）・3 勝 2 敗（3 位）・2 勝 3 敗（4 位）・1 勝 4 敗（5 位）・全敗（6 位）のいずれかと決まります。

　条件ア～カより，E 以外の人は少なくとも 1 敗はしているので，全勝は E です。

　同様に，A 以外の人は少なくとも 1 勝はしているので，全敗は A です。

　これらをリーグ戦の表に書き込んでから，残りの条件を検討します。

　条件ウより，B は少なくとも 2 敗（C と E に負け）はしています。また，条件カより，F は少なくとも 2 敗（C と E に負け）しており，C は条件ウより 4 試合目までで 2 勝 2 敗ですから，1 敗だけした可能性があるのは D だけとなります。つまり，D が 4 勝 1 敗と決まります。

　残りの B と F に関しては，2 勝 3 敗と 1 勝 4 敗のどちらの可能性もあります（表）。

	A	B	C	D	E	F
A		×	×	×	×	×
B	○			×	×	×
C	○	○		×	×	○
D	○	○	○		×	○
E	○	○	○	○		○
F	○		×	×	×	

　表より，C は 3 勝 2 敗，つまり，C は 3 位とわかります。

解答のポイント

　総当り戦だから，リーグ表を使って整理する。だけど，本問のやっかいなところは，すべての試合結果がわかっているわけじゃなく，あくまで途中経過しかわかってないってところだね。でも条件の中に，「引き分けた試合はなく，同じ勝敗数の人はいなかった」という条件がある。これって，結構見逃してしまいがちな条件だけど，とても大事な条件だ。A ～ F の 6 人の総当たり戦だから，全員が 5 試合するね。その勝敗のパターンを拾い出してみよう。① 5 勝 0 敗② 4 勝 1 敗③ 3 勝 2 敗④ 2 勝 3 敗⑤ 1 勝 4 敗⑥ 0 勝 5 敗の全 6 パターンだ。ということは……この勝敗パターンは A ～ F の誰かの結果でもあるわけだ。例えば，① 5 勝 0 敗って誰かな。1 度も負けなしだから……，E しかないよね。次に，⑥の 0 勝 5 敗って誰だろう。1 度も勝ちがないから……，A しかいない！　というぐあいに表を埋めていこう。

正解 **2**

重要度 **S**

平成29年
特別区

制限時間 ⏳ **4分**

問題演習
記録

1回目 / □
2回目 / □
3回目 / □

リーグ戦③（ラテン方陣）

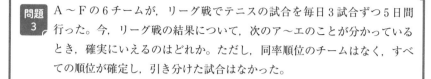

A～Fの6チームが，リーグ戦でテニスの試合を毎日3試合ずつ5日間行った。今，リーグ戦の結果について，次のア～エのことが分かっているとき，確実にいえるのはどれか。ただし，同率順位のチームはなく，すべての順位が確定し，引き分けた試合はなかった。

ア　1日目は，DがFに勝ち，BがAに勝ち，Cも勝った。
イ　2日目は，BがCに勝ち，Aも勝った。
ウ　3日目は，DがAに勝ち，Bも勝った。
エ　5日目は，BがFに勝ち，Eも勝ったが，Cは敗れた。

❶ Aは5位である。

❷ Bは2位である。

❸ Cは4位である。

❹ Dは優勝である。

❺ Eは3位である。

　リーグ戦ですから，勝敗表を作りましょう。ア～エの条件のうち，**試合日と対戦相手・勝敗がすべてわかっている部分**を表に書くと，次のようになります（数字は試合を行った日をあらわします）。

	A	B	C	D	E	F
A		1 ×		3 ×		
B	1 ○		2 ○			5 ○
C		2 ×				
D	3 ○					1 ○
E						
F		5 ×		1 ×		

　次に，**縦列，横列**を見て，**1 ～ 5 の数字が重複しないように表を埋めていきます。**

　以下は，埋め方の一例です。

　（まずは勝敗は後回しで先に数字を埋めましょう。）

　条件アより，1日目の残りはCとEが試合をしています。

　表より，Bは3日目・4日目にD・Eと試合をしたことになりますが，Dは3日目にAと試合をしているので，Bは4日目にD，3日目にEと試合をしたことが決まります。ここで，Cの行とDの列に注目すると，**CとDの試合は5日目しかできない**ことがわかり，同時に，5日目のEの相手がAと決まります。

　したがって，Dは2日目にEと試合をしたことがわかり，2日目のAの相手がFと決まります。以下，同じように考えていくと，次のようになります。

	A	B	C	D	E	F
A		1 ×	4	3 ×	5	2
B	1 ○		2 ○	4	3	5 ○
C	4	2 ×		5	1	3
D	3 ○	4	5		2	1 ○
E	5	3	1	2		4
F	2	5 ×	3	1 ×	4	

　日程が入ったので，条件の残りを追加します。

条件ア：1日目にCが勝った

条件イ：2日目にAが勝った

条件ウ：3日目にBが勝った

条件エ：5日目にEが勝ち，Cが負けた

セクション 8 試合

	A	B	C	D	E	F
A		1 ×	4	3 ×	5 ×	2 ○
B	1 ○		2 ○	4	3 ○	5 ○
C	4	2 ×		5 ×	1 ○	3
D	3 ○	4	5 ○		2	1 ○
E	5 ○	3 ×	1 ×	2		4
F	2 ×	5 ×	3	1 ×	4	

　ここで，順位について考えてみると，同率順位のチームがなく，1位〜6位が確定していることから，

　　　　1位…5勝0敗，　2位…4勝1敗，　3位…3勝2敗，

　　　　4位…2勝3敗，　5位…1勝4敗，　6位…0勝5敗

であることが決まります。

　すると，表より，F以外は少なくとも1勝しているので，6位のチームがFであることが決まります（Fが0勝→3日目のCはFに，4日目のEはFに，それぞれ勝ったことも決まる）。

　ここで，Cが2勝以上したことが決まるので，5位はA（1勝→4日目のAとCの試合はCの勝ち）です。さらに，3位がCであることも決まります。

正解 1

重要度
B

平成24年
国家専門職

制限時間 ⌛ **4分**

問題演習
記録

| 1回目 / □ | 2回目 / □ | 3回目 / □ |

リーグ戦④（勝点制，ボーナスあり）

問題
4

A〜Dの4チームでラグビーの総当たり戦を行い，次のルールで順位を決めることとした。

順位の決め方

　獲得ポイント総数（勝敗ポイント総数と加点ポイント総数の合計）で順位を決める。獲得ポイント総数の多い方が順位が高い。

　ただし，獲得ポイント総数が同じ場合は同順位とする。

1試合の結果で与えられるポイント

勝敗ポイント

- 勝ち：4ポイント
- 引き分け：2ポイント
- 負け：0ポイント

加点ポイント

- 試合の勝敗にかかわらず1試合で四つ以上「トライ」を取った場合：1ポイント
- 7点差以内の得点で負けた場合：1ポイント

　全試合終了後の各チームのトライ総数，加点ポイント総数，引き分け試合数は，右のとおりである。この場合，確実にいえるのは，次のうちどれか。

	トライ総数	加点ポイント総数	引き分け試合数
A	11	2	1
B	12	5	0
C	8	0	1
D	3	3	0

なお，「トライ」は得点手段の一つである。

❶ Aの獲得ポイント総数は8ポイントである。

❷ AとCの勝ち数は同じである。

❸ Bの勝ち数は負け数より多い。

❹ CはDに8点以上の差で負けている。

❺ Dの順位は3位である。

まずは，条件を確認します。

- 順位：獲得ポイント総数（勝敗ポイント＋加点ポイント）の多いほうが上位で，同じ場合は同順位
- 1試合ごとに，勝敗ポイントと加点ポイントが与えられる

勝敗ポイント：勝ち4ポイント，引き分け2ポイント，負け0ポイント

加点ポイント：1試合で四つ以上「トライ」を取った場合1ポイント

7点差以内で負けた場合1ポイント

表1	トライ総数	加点ポイント総数	引き分け試合数
A	11	2	1
B	12	5	0
C	8	0	1
D	3	3	0

表1は，問題の表の再掲です。

Dのトライ総数と加点ポイント総数に注目すると，Dの**トライ総数3**より，『1試合4トライの加点』は一度も獲得できないことがわかります。

つまり，Dの加点ポイント3は，『7点差以内で負けた場合の1ポイント』を3試合それぞれで与えられたことが判明します（表①…○：勝ち，×：負け，△：引き分け）。

表①	A	B	C	D
A				○
B				○
C				○
D	×	×	×	

次に，Bの加点ポイント総数5ポイントに注目します。

表①よりBは少なくとも1勝しているので，7点差以内で負けた場合のポイントは，最大でも2ポイントです。また，**Bのトライ総数は12**ですから，『1試合4トライの加点』は，**最大で3ポイント**（3試合とも4トライずつ）です。

3試合で5ポイントとっているので，**Bは3試合で4トライずつ**あげていて，かつ**2試合を7点差以内で負けている**こと（つまり，AとCに負けて1勝2敗）がわかります。

最後に，AとCの引き分け試合数は1ですから，AとCの対戦が引き分けであったことが決まります。

ここまでの検討結果と勝敗数・獲得ポイント総数をまとめたものが次の表②です（ポイントの列は，勝敗ポイント＋加点ポイントの形で記入しています）。

表②	A	B	C	D		勝敗	ポイント
A		○	△	○		2勝1分	10＋2
B	×		×	○		1勝2敗	4＋5
C	△	○		○		2勝1分	10＋0
D	×	×	×			3敗	0＋3

これをもとに，各選択肢を検討します。

① Aの獲得ポイントは12ポイントです。誤り。

② AとCは共に2勝しています。正しい。

③ Bは負け越しています。誤り。

④ CはDに勝っています。誤り。

⑤ Dは4位です。誤り。

> **解答のポイント**
>
> 　総当たり戦だから，リーグ表を使って整理しよう。本問はポイントの大小によって順位が決まるけど，ポイントについては勝敗ポイントと加点ポイントの2種類があるから，その点は気を付けよう。Dの条件から加点ポイントが3になっているけど，これは1試合で4つ以上の「トライ」を取ったわけではなく（トライ総数が3であるから），7点差以内の得点で負けた場合が3試合あったとことだね。全部で4チームしかないから，全試合数が3試合。つまり，Dは全試合負けたってことだ。次は，Bが加点ポイント5と他と比べても多い。全3試合（Dには勝つ）で加点5ポイント取るのは，4つ以上のトライが3試合，7点差以内の負けが2試合としか考えられないよね。つまり，1勝2敗だ……というぐあいに，AやCも勝敗を決めていこう。

正解 **2**

重要度 S

平成28年
東京都

制限時間 ⏳ 5分

問題演習
記録

1回目 ／ □
2回目 ／ □
3回目 ／ □

トーナメント戦①

> **問題5** ある剣道大会で，A～Gの7チームが，下図のようなトーナメント戦を行った結果について，次のア～エのことが分かった。
>
>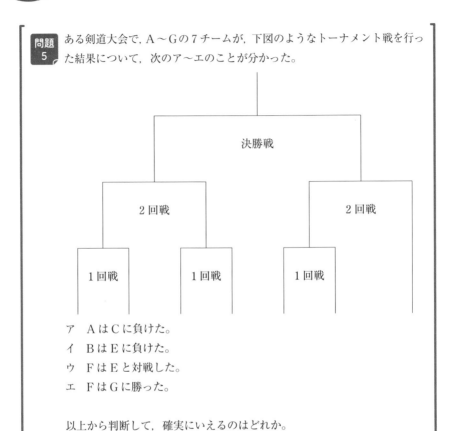
>
> ア　AはCに負けた。
> イ　BはEに負けた。
> ウ　FはEと対戦した。
> エ　FはGに勝った。
>
> 以上から判断して，確実にいえるのはどれか。

1 Aは決勝戦に進んだ。

2 Bが決勝戦に進んだとすると，FはGと2回戦で対戦した。

3 Dが優勝したとすると，DはCと対戦した。

4 FはEと1回戦で対戦した。

5 Gが決勝戦に進んだとすると，BはDと対戦した。

条件イ〜エより，E と F は少なくとも 2 試合していることがわかります。

これを踏まえて，トーナメント表を見ながら，選択肢を検討していきます。

ここでは，トーナメント表の中央から，シード権のある側を右ブロック，反対側を左ブロックとします。

❶ **A が決勝戦に進んだと仮定すると，条件ア「A は C に負けた」は決勝戦の結果**となります。すると，E と F の両チームが 2 試合行い，かつ直接対決することができなくなってしまいます。よって，この選択肢は誤りです。

❷ B が決勝戦に進んだと仮定すると，条件イ「B は E に負けた」は決勝戦の結果となります。このとき，条件ウより，**E と F は左ブロック**にいて，E と F が 2 回戦で戦うことになります。よって，「F と G は 2 回戦で対戦した」は成立しません（条件エより，F は G とは 1 回戦で戦うことになります）。よって，この選択肢は誤りです。

❸ D が優勝したと仮定すると，選択肢**❷**と同様に，条件ウより E と F は左ブロックにいて，E と F が 2 回戦で戦うことになります。つまり，D は右ブロックと決まります。さらに，E，F が左ブロックなので，条件イ，エより，1 回戦で E，F に負けたのが B，G と決まります。したがって，A と C の戦いは右ブロックの 1 回戦です。条件アより，C が A に勝ち，2 回戦でシード権のある D と戦うと，矛盾なく収まります。よって，この選択肢が正解です。

❹ F と E はどちらも少なくとも 2 試合はしているので，1 回戦で対戦することはありません。よって，この選択肢は誤りです。

❺ G が決勝戦に進んだとすると，条件エから，決勝戦の相手は F です。すると，他の選択肢と同様に，E が左ブロック側にいたことが決まります。このとき，B は 1 回戦で E と戦い，敗れています。よって，この選択肢は誤りです。

セクション

8

試合

解答のポイント

　トーナメント図を使って考える問題だ。今回はちょっと条件が漠然としすぎてて，やりにくい問題だ。こういうときは選択肢を積極的に利用していこう。その前に，条件イ〜エを見ると，E と F は少なくとも 2 試合はしている（お互い 2 回戦までは少なくとも進んでいることになる）し，特にウの条件から E と F は直接対決もしているよね。そのことを念頭に入れて選択肢を見ていこう！　矛盾のない選択肢が正解だ！

正解 **3**

トーナメント戦②

問題 6 サッカーの地区大会がトーナメント方式で行われ、A〜Hの8チームが参加した。試合について次のことが分かっているとき、「優勝チーム」と「決勝戦での優勝チームの得点」の組合せとして正しいのはどれか。

○トーナメントの組合せは図のとおりであった。

○全ての試合は1点以上の得点の差がついて勝敗が決まり、引き分けはなかった。

○各チームの得点の合計と失点の合計は表のとおりであったが、一部は未記入のままとなっている。

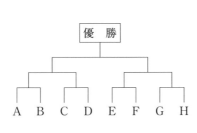

チーム	得点の合計	失点の合計
A	1	
B		6
C	0	2
D	4	
E	3	3
F	2	
G		1
H	5	4

優勝チーム　　決勝戦での優勝チームの得点

1 B　　　　3

2 B　　　　4

3 D　　　　1

4 H　　　　3

5 H　　　　4

あるチームの得点が対戦相手の失点であることに注意して，それぞれのチームの得失点の状況から，トーナメントの各試合について，どちらが勝利し，スコアがどのくらいなのかを推測していきます。

まずA－B，C－Dの山に注目します。

Dの得点4点に対し，Cは得点0，失点2ですから，C－Dの試合は，Dが2対0で勝利したことがわかります（Dは第2回戦以降で残り2点分を得点します）。

Aの得点1点に対し，Bの失点は6点ですから，差し引き5点分は，Bが第2回戦以降で失点したものです。つまり，A－Bの試合は，Bが失点1に対し2点以上得点して勝利していることがわかります。

したがって，A－B，C－Dの山の第2回戦は，B－Dの組合せとなります。

ここで，仮にDが残り2点をすべてこの試合でとったとしても，第2回戦終了時のBの総失点は3点で，全体の総失点6点には，3点分足りません。

つまり，Bは決勝戦に進出しており，この3点は決勝戦での失点であると決まります（第2回戦はDが2点取ったものの，Bが勝利したとわかります。ここでのBの得点は3点以上です）。

次にE－F，G－Hの山に注目します。

Fが2点得点していますが，対戦相手のEの失点は3点ですから，もう1点は第2回戦以降での失点，つまり，E－Fの試合はEが勝利したとわかります。ここで，EがFに勝つためには3点が必要である。すると，Eは得点の合計も3点ですから，第2回戦は0対1でEが負けたこともわかります。

Hの得点5点に対し，Gの失点が1点ですから，Hの残り4点は，第2回戦以降の得点です。つまり，G－Hの試合は，Hが1対0で勝利したことがわかります。

したがって，E－F，G－Hの山の第2回戦は，E－Hの組合せとなりますが，上記より，Eが0対1で負けています。

以上より，決勝戦は，B－Hの組合せとなります。

すでに決勝でBは3失点することがわかっています（Bの失点ともHの得点とも矛盾しません）。一方，Hの失点に着目すると，Hは第1回戦，第2回戦ともに1点も取られていません。よって，失点の合計4点は，すべて決勝戦のものとわかります。

つまり，決勝戦でのBの得点が4点であり，優勝はBであると確定します。

なお，以上の結果をトーナメント表，チームの得失点表にまとめると，次のようになります。ただし，表では，明らかなもの以外は，1点差で勝負がついたものとします（＊印）。

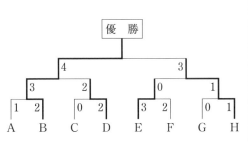

チーム	得点の合計	失点の合計
A	1	2 ＊
B	9 ＊	6
C	0	2
D	4	3 ＊
E	3	3
F	2	3
G	0	1
H	5	4

解答のポイント

　　トーナメント戦だから，トーナメント表を使って整理する。当り前だね。まず，わかるところから順番にやっていこう。1回戦のAB戦から。Aの得点1に対して，Bの失点は6。これは，1回戦はBが勝ったことを意味しているね。次に，CD戦だがCは得点0なので，当然Dの勝ちだね。この時，Dは2点得点している。EF戦はFの得点2に対して，Eの失点は3。これはEの勝ちだ（このときEは3得点）。GH戦はHの得点5に対して，Gの失点は1だから，Hの勝ちだ（Gの得点0，Hの得点1）。つまり，1回戦はそれぞれ，B, D, E, Hが勝ちあがった。

　　次に，2回戦だけど，BD戦は，Dの勝ちとすると，Dの残りの得点2点ではBの失点6と合わない（1回戦のBの失点は1だから）。よって，Bの勝ち。EH戦は，Eの1回戦は得点3なので，2回戦はE－Hは得点0－1でHの勝ち。よって，決勝はBH戦である。このときHは，残りの得点である3点である。このときHの失点は，1回戦，2回戦ともに0なので，決勝で失点4で負けたことになる。したがって，優勝はBで，決勝戦での得点は4である。トーナメント表に数字を書き込みながら考えてみよう！

正解 2

重要度 **A**

平成22年
特別区

制限時間 ⌛**8分**

問題演習
記録

1回目／□ 2回目／□ 3回目／□

トーナメント戦③（順位決定戦あり）

> **問題7** A～Fの6チームが，次の図のようなトーナメント戦でバレーボールの試合を行い，2回戦で負けたチーム同士で3位決定戦を，1回戦で負けたチーム同士で5位決定戦を行って順位を決めた。今，次のア～オのことが分かっているとき，優勝したチームはどれか。ただし，試合の回数及び勝った回数には順位決定戦を含めるものとする。
>
> ア　準優勝したチームは，1回だけ試合に勝った。
> イ　3位のチームは，1回だけ試合に勝った。
> ウ　AとEの対戦は，どちらにとっても2回目の試合だった。
> エ　BとCは，対戦しなかった。
> オ　Fは，3回目の試合には負けた。

1 A

2 B

3 C

4 D

5 E

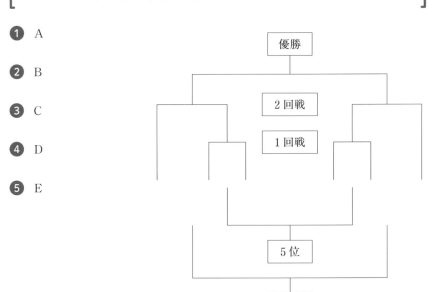

与えられた各条件からわかることを踏まえて検討します。ここでは，与えられたトーナメント表に右のような番号をつけます。

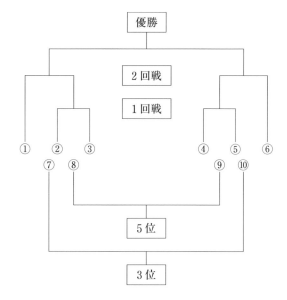

ア：準優勝したチームは，1回だけ試合に勝った。

⇒1回だけ勝って決勝に進んだ（そして負けた）ので，全体では1勝1敗（①か⑥）。

イ：3位のチームは，1回だけ試合に勝った。

⇒勝った試合は3位決定戦なので，2回戦（初戦）で負けています。全体では1勝1敗（①か⑥）。

ここで，アとイより，①と⑥は準優勝チームと3位チームであると判明します（ここでは①が準優勝と仮定します。このとき⑥が3位で，⑥に勝った相手が優勝しています）。

オ：Fは，3回目の試合には負けた。

⇒3回目の試合を行うには，次の2通りが考えられます（勝ち：○，負け：×）。

(I)　1回戦（○）→2回戦（○）→決勝戦（×）

(II)　1回戦（○）→2回戦（×）→3位決定戦（×）

(I)によると，Fが準優勝したことになりますが，条件アから，**準優勝したチームは3回目の試合を行っていないことが確定している**ので，矛盾します。

したがって，Fの3試合は(II)の場合で，**3位決定戦で負けたのはF**と判明します（Fは②か③のどちらかで，2回戦で①に敗れます。ここでは②とします）。

ウ：AとEの対戦は，どちらにとっても2回目の試合だった。

⇒トーナメント表の上側で，どちらにとっても2回目の試合になるのは，①と⑥の決勝戦しかありえませんが，⑥は初戦で負けているので成り立ちません。トーナメント表の下側はどちらにとっても2試合目ですが，3位決定戦の一方はFと確定しています。よって，**AとEの対戦がどちらも2回目の試合になるのは，両チームが1回戦で負けて，5位決定戦で対戦する場合だけです**（Aを③，Eを④とし

ます。以上の仮定では，⑤が優勝することになります）。

エ：BとCは，対戦しなかった。

　⇒ここまででチームが判明していないのは，①準優勝チーム，⑤優勝チーム，⑥3
　　位チームであり，ここにB，C，Dが対応します。⑤は①とも⑥とも対戦しますが，
　　①と⑥の対戦はありません。よって，BとCは①か⑥であることが判明します。

　　したがって，⑤優勝チームは，残ったDチームと確定します。

解答のポイント

　うわっ，なんだこれ。トーナメント表が上下にあらわれ
た！　うーん，どこから考えていくべきか……。チーム名
が書いてないから，条件に合わせて，チーム名を置いてい
こうかな。大きく分けて，左右のブロックに分かれ，それ
ぞれシード権のあるチームと，ないチームがあるね。

　まずは，アの条件から，準優勝チームはシード権のある
チームだ。次にイの条件から，3位のチームは1回だけ試
合に勝って，3位になっている……ということは，3位の
チームもシード権のあったチームだ。つまり，2位と3位
はシード権のあるチームなので優勝は，シード権のなかっ
たチームということになる。さらにオの条件からFは3
回試合をして，3回目に負けているので，Fはシード権の
ないチームで，1回戦は勝っているが，2回戦で負け，3
位決定戦に負けていると考えられる。だからFは4位だ。
すると，ウの条件からAとEは1回戦で負けて，5位決
定戦で戦ったと考えられる。最後にエの条件から，B，C
は左右別々のブロックで（B，C）＝（2位，3位）か（3位，
2位）なら条件に合う。残ったDが優勝だ！　試行錯誤し
ながら，トーナメント表を完成させよう！

正解 **4**

185

「試合」で知っておきたい知識の整理

「リーグ戦」と「トーナメント戦」

　「試合」の問題というのは，あるゲームの中での「勝敗」や「試合数」「試合日」について問う問題です。大きく分けると，「リーグ戦」と「トーナメント戦」の2つに分けることができます。どちらもそれぞれ独自の表を使って，条件を整理することが先決です。

数量条件からの推論

重要度
S

平成30年
国家一般職

制限時間 ⏳ **6分**

問題演習
記録

| 1回目 / ☐ | 2回目 / ☐ | 3回目 / ☐ |

物品の組合せと金額①

Aは，月〜土曜日の6日間，毎日，近所のレストランで昼食をとった。メニュー及び価格は表のとおりであり，次のことがわかっているとき，確実にいえるのはどれか。

	メニュー	価格
主食・主菜	カレーライス	900円
	ハンバーグ(ライス付)	800円
副菜	サラダ	300円
	スープ	200円
デザート	ケーキ	200円
	ゼリー	100円

○ Aの毎日の昼食は，表に掲げられた主食・主菜，副菜，デザートの中から，それぞれ一つずつ，計三つのメニューの組合せであり，それらの組合せは6日間，互いに異なっていた。
○ 月，火，金の副菜は同じであった。
○ 火曜日と水曜日のデザートは同じであり，また，木曜日と金曜日のデザートも同じであった。
○ 組み合わせたメニューの合計金額についてみると，木曜日と金曜日は同額であった。また，木曜日と金曜日よりも，月，火，水曜日の方が多く，土曜日の方が少なかった。

1 月曜日のデザートはケーキであった。

2 火曜日の副菜はスープであった。

3 火曜日のデザートはゼリーであった。

4 木曜日の主食・主菜はカレーライスであった。

5 木曜日の副菜はサラダであった。

条件より，以下のことがわかります。

副菜：月＝火＝金

デザート：火＝水 および 木＝金

合計金額：木＝金 および 土＜（木，金）＜（月，火，水）

（月，火，水の合計金額の大小は不明）

　価格表を見ると，合計金額が最大の組合せは，（カレー，サラダ，ケーキ）の組合せで，その金額は1400円になります。また，最小の組合せは，（ハンバーグ，スープ，ゼリー）の組合せで，その金額は1100円です。

　以上をもとに，対応表を作ります。

	月	火	水	木	金	土
主食・主菜						
副菜						
デザート						
合計金額						

　木曜日と金曜日はデザートも合計金額も同じで，メニューの組合せは異なるので，木曜日と金曜日の主菜・副菜の値段は，800＋300＝1100か，900＋200＝1100に決まります。ここで，デザートを200円とした場合，合計1300円ですから，月，火，水の合計金額はそれより大きいので，1400円と決まります。しかし，**合計が1400円になる組合せは1通りしかないので，**3日間ともメニューが同じになってしまいます。よって，木，金のデザートは200円のケーキではなく，100円のゼリーと決まります。また，このときの木，金の合計金額は1200円なので，それより安い土曜日は1100円，つまり値段が最小になる組合せと決まります（次表）。

	月	火	水	木	金	土
主食・主菜						ハンバーグ
副菜						スープ
デザート				ゼリー	ゼリー	ゼリー
合計金額				1,200	1,200	1,100

　火曜日と水曜日はデザートが同じですが，それがゼリーだった場合，火，水それぞれの合計金額を1200円より高くしつつ，異なるメニューにすることはできません。よって，火，水のデザートはケーキとわかります。さらに，主菜・副菜＝1100円と決まります。すると，月曜日は最大の組合せか，または，デザートだけ，ゼリーとなるかのどちらかとなります。

	月	火	水	木	金	土
主食・主菜	カレー					ハンバーグ
副菜	サラダ					スープ
デザート	ケーキ(ゼリー)	ケーキ	ケーキ	ゼリー	ゼリー	ゼリー
合計金額	1,400 (1,300)	1,300	1,300	1,200	1,200	1,100

あとは，条件を元に空欄を埋めていきます。

火曜日と金曜日の副菜は月曜日と同じサラダですから，主菜はハンバーグです。したがって，水曜日と木曜日は，カレー・スープと決まります。

	月	火	水	木	金	土
主食・主菜	カレー	ハンバーグ	カレー	カレー	ハンバーグ	ハンバーグ
副菜	サラダ	サラダ	スープ	スープ	サラダ	スープ
デザート	ケーキ(ゼリー)	ケーキ	ケーキ	ゼリー	ゼリー	ゼリー
合計金額	1,400 (1,300)	1,300	1,300	1,200	1,200	1,100

選択肢を検討すると，該当するのは選択肢 ❹ のみです。

解答のポイント

　主菜も副菜もデザートも全部2通りずつあるから，全部で2×2×2＝8通りの組み合わせがある。月～土の6日間でメニューは異なるので，全8通りのうち，6通りが選ばれていることになる。考えるきっかけが難しいけど，合計金額に関して，月，火，水＞木＝金＞土 なので，1400＞木＝金＞1100となり，そうなると，木，金の金額は1200円か，1300円だけど，1300円だとすると，月，火，水が1400円となってしまうが，1400円になるメニューは1種類しかないので，3日間とも同メニューになってしまい，条件に反する。だから木，金は1200円，土曜は1100円だ。

　1200円になるメニューは，（カレー，スープ，ゼリー）か（ハンバーグ，スープ，ケーキ）か（ハンバーグ，サラダ，ゼリー）だね。木，金はデザートが一緒なので，それはゼリーとなる……。というぐあいに表を埋めていこう。それにしてもこのレストラン……，メニュー少な過ぎるよね。(笑)

正解 **4**

平成29年
国家一般職 | 制限時間 ⏳ **7分** | 問題演習
記録 | 1回目 ／☐ 2回目 ／☐ 3回目 ／☐

物品の組合せと金額②

問題2 ある職場では，表のような消耗品を3回に分けて必要個数だけ購入した。
○1回目は，クリアファイルを除く3種類の消耗品をそれぞれ1個以上購入し，合計金額は1200円であった。
○2回目及び3回目は，共に4種類全ての消耗品をそれぞれ1個以上購入し，合計金額は，2回目が2300円，3回目が1500円であった。
このとき，確実にいえるのはどれか。

消耗品	単価	必要個数
消しゴム	110円	7
付せん紙	170円	5
ガムテープ	290円	8
クリアファイル	530円	2

① 1回目に消しゴムを2個購入した。

② 1回目にガムテープを3個購入した。

③ 2回目に付せん紙を1個購入した。

④ 2回目にガムテープを3個購入した。

⑤ 3回目に消しゴムを1個購入した。

　1回目の消しゴムの個数，付せん紙の個数，ガムテープの個数を，それぞれa個，b個，c個と置きます。合計金額が1,200円なので，

$$110a + 170b + 290c = 1200 \quad \cdots\cdots①$$

という式を作ることができます。

　ここで，**単価の一番高いガムテープの個数に注目**すると，5個以上だとそれだけで1200円を超えてしまいます（4個だと1160円で，1200円は超えないものの，他の品物が買えなくなるので，これも不可です）。つまり，**ガムテープの個数は最大で3個**とわかります。そこで，$c = 1$，2，3と個数を代入してみると，ガムテープの値段（$290c$）は1個のときから順に，290，580，870（円）となります。

　次に，付せん紙の個数bに注目します。

　条件2から，2回目と3回目に少なくとも1個ずつ購入しているので，1回目に購入した個数は最大で3個です。

　ガムテープのときと同様に，$b = 1$，2，3と個数を代入してみると，付せん紙の値段（$170b$）は，1個のときから順に，170，340，510となります。

　ここで，$170b + 290c$の値を検討すると，$a = 1$のとき，$170b + 290c = 1090$で，$510 + 580 = 1090$となるので，条件に合います。よって，$a = 1$，$b = 3$，$c = 2$です。

　次に，2回目と3回目のうち，**合計金額が少ない3回目に注目**します。

　付せん紙はすでに1回目で5個中3個買っているので，残りの2個を，2回目と3回目に1個ずつ購入したことが決まります（この時点で正解が3と決まります）。

　同様に，**クリアファイルも2回目と3回目に1個ずつ購入**しています。そこで，消しゴムの個数をa'（消しゴムの残りは6個なので，3回目に購入できる数は最大5），ガムテープの個数をc'（残り6個なので，同様に最大5）とすると，

$$110a' + 170 + 290c' + 530 = 1500 \quad \text{これを整理すると，}$$

$$110a' + 290c' = 800 \quad \cdots\cdots②$$

となります。

　1回目と同様にc'の値を検討します。**ガムテープの値段（$290c'$）は，$c' = 3$のとき870で②に合わなくなるので，$c' = 1$か2，このときのガムテープの値段は，290円か580円です。

　$c' = 2$のとき，$110a' + 580 = 800$より，$a' = 2$と決まります。

　2回目は残りの個数から，消しゴム，ガムテープとも4個ずつとなり，これで矛盾なく成立します。

解答のポイント

　　数量条件からの推理の真髄は「条件に合う数字を見つけ出すこと」にあるわけだけど，そのときに「最も大きい数字」または，「最も小さい数字」から考え始めるとやりやすい。

　　本問でいえば，合計金額が最も少ないのは１回目の1200円だね。しかもこの１回目はクリアファイルを買ってないから，買った種類も他の回よりも少ない。３種類で1200円になるような組み合わせを見つけていこう。そのとき，一番高いガムテープを中心に考えたほうがいいね。ガムテープは最大でも３個まで。ガムテープ３個にすると，$290 \times 3 = 870$円 で残り $1200 - 870 = 330$円 を消しゴムと付箋で使うことはできない。ガムテープ２個 $290 \times 2 = 580$円 で残り，$1200 - 580 = 620$円 は消しゴムと付箋，それぞれ１個と３個なら，ちょうど金額620円だ。というぐあいに次は，２回目……という感じで進めていこう。

正解 **3**

重要度

A

平成26年
国家専門職

制限時間 ⏳ **6分**

問題演習
記録

1回目 ／□
2回目 ／□
3回目 ／□

物品の組合せと金額③

> **問題3** 表は，ある社員食堂における A，B，C 3種類のランチメニューについて，それぞれの価格と注文できない曜日を示したものである。この食堂で3人の社員がそれぞれ，月曜日から金曜日まで同じメニューを2日連続して選ばず，かつ，5日間合計の支払金額が最も小さくなるように注文した。
>
> この5日間における各人の注文のパターンがそれぞれ異なっていたことが分かっているとき，確実にいえるのはどれか。

ランチメニュー	価格	注文できない曜日
A ランチ	400円	金曜日
B ランチ	500円	月曜日
C ランチ	600円	なし

① 月曜日には全員が A ランチを注文した。

② 火曜日には全員が互いに異なるメニューを注文した。

③ 水曜日には，少なくとも1人の社員が C ランチを注文した。

④ 木曜日に A ランチを注文した社員は，水曜日に B ランチを注文した。

⑤ 金曜日には，少なくとも2人の社員が B ランチを注文した。

　まずは，5日間合計の支払金額が最も小さくなる組合せを考えます。

　Aランチ（3回）とBランチ（2回）を交互に注文すれば金額は最小にできるものの，月曜をAランチで始めて交互に注文していくと，金曜にAが来てしまうので，条件に合いません（同様に，A2回・B3回の組合せも不可です）。

　よって，AランチとBランチを2回ずつと，Cランチ1回というのが最小価格の組合せと決まります。Cランチの曜日によって，次の5通りが考えられます。

①
	月	火	水	木	金
A	○		○		
B		○		○	
C					○

②
	月	火	水	木	金
A	○		○		
B		○			○
C				○	

③
	月	火	水	木	金
A	○			○	
B		○			○
C			○		

④
	月	火	水	木	金
A	○			○	
B			○		○
C		○			

⑤
	月	火	水	木	金
A		○		○	
B			○		○
C	○				

　3人の社員の選び方が上記のいずれかである（重複なし）として，選択肢を検討します。

❶　誰か1人が⑤を選んだ場合，成り立ちません。

❷　3人中2人が①，②，③から選んだ場合，成り立ちません。

❸　3人とも③以外を選んだ場合，成り立ちません。

❹　誰か1人が③を選んだ場合，成り立ちません。

❺　金曜日にBランチを注文しないのは①だけなので，成り立ちます。

解答のポイント

　昼休みの楽しみと言えば，何と言ってもランチ！　さて，今日は何を食べようか……。おっと，この社員食堂はメニューが3つしかない。ちょっと寂しい気もするけど……。さて，1週間の支払金額を最小にするとなると，Aランチ2回，Bランチ2回，Cランチ1回で合計 $400 \times 2 + 500 \times 2 + 600 = 2400$ 円 ということになるね。あとは，どんなパターンがあるかを拾い出して，その中で共通していえることが「確実にいえること」になる。あー，なんだかお昼食べたくなってきた。（笑）

正解 **5**

重要度

A

平成26年
特別区

制限時間 ⏳5分

問題演習
記録

1回目 ／ □
2回目 ／ □
3回目 ／ □

整数の性質（奇数と偶数）

問題4

硬貨の入った A 〜 E の 5 つの箱があり，そのうちの 1 つの箱には 7 枚の硬貨が入っており，他の箱にはそれぞれ数枚の硬貨が入っている。今，次のア〜エのことが分かっているとき，確実にいえるのはどれか。

ア　A の箱に入っている硬貨と C の箱に入っている硬貨の枚数の和は，E に入っている硬貨の枚数の 2 倍である。

イ　A の箱に入っている硬貨と D の箱に入っている硬貨の枚数の和は，18 枚である。

ウ　B の箱に入っている硬貨は，D の箱に入っている硬貨の枚数の半分である。

エ　C の箱に入っている硬貨と E の箱に入っている硬貨の枚数の差は，2 枚である。

1 A と B の箱に入っている硬貨の合計は，10 枚である。

2 B と C の箱に入っている硬貨の合計は，15 枚である。

3 C と D の箱に入っている硬貨の合計は，20 枚である。

4 D と E の箱に入っている硬貨の合計は，22 枚である。

5 E と A の箱に入っている硬貨の合計は，11 枚である。

条件を式にあらわしてみましょう。

アː$A + C = 2E$ イ：$A + D = 18$

ウ：$2B = D$ エ：$E - C = 2$ または $C - E = 2$

条件ウより，Dは偶数とわかります。

したがって，条件イよりA + D（偶数）= 18（偶数）ですから，Aも偶数とわかります。さらに，条件アより，A（偶数）+ C = 2E（偶数）ですから，Cも偶数で，条件エより，C（偶数）との差が2であるEも偶数です。よって，残ったBが7枚であることが決まります。

B = 7を利用して，順に値を求めます。

条件ウより，D = 14 これを条件イに代入して，A = 4

条件エの式を変形して，E = C + 2 または E = C − 2

それぞれの場合について，条件アにA = 4とEの式を代入します。

① E = C + 2のとき，$4 + C = 2(C + 2)$ これを解くと，C = 0となるので不適。

② E = C − 2のとき，$4 + C = 2(C - 2)$ これを解くと，C = 8 よって E = 6

以上をもとに，各選択肢を検討します。

❶ A + B = 4 + 7 = 11 不適。

❷ B + C = 7 + 8 = 15 正しい。

❸ C + D = 8 + 14 = 22 不適。

❹ D + E = 14 + 6 = 20 不適。

❺ E + A = 6 + 4 = 10 不適。

解答のポイント

まず，前提となるのは「偶数＋偶数＝偶数，偶数＋奇数＝奇数，奇数＋奇数＝偶数」という事実。本問でヒントになるのは「1つの箱に7枚の硬貨が入っており」という部分だけど，それはA〜Eのどれかな。まず，ウの条件からDは偶数なので，違う。また，イの条件からAとDの和が偶数なので，Aも偶数だ。そして，アの条件からCも偶数だ。となると，残るはBかEだけど，エの条件から，CとEの差は2なのだから，Eも偶数だ。よって，B = 7が決まるね。まあ，あとは芋蔓式にDもAも決まってくるけど，CとEだけは更に場合分けが必要かな。でも，結局は1つに決まるから，ここは頑張って計算しよう！

正解 2

対応関係

問題 5　6つの商業施設A〜Fについて，所在地と業態分類を調べたところ，以下のことが分かった。

　ア　A，B，C，Dのうち，東京にあるものは2つであり，百貨店は2つである。
　イ　B，C，D，Eのうち，東京にあるものは1つであり，百貨店は2つである。
　ウ　C，D，E，Fのうち，東京にあるものは2つであり，百貨店は1つである。

　以上から判断して，確実にいえるのはどれか。

1　Aは，東京にあるが，百貨店ではない。

2　Cは，東京にはないが，百貨店である。

3　Dは，東京にあるが，百貨店ではない。

4　Eは，東京にはないが，百貨店である。

5　Fは，東京にあるが，百貨店ではない。

まず，条件アとイを比較して，AとEについて検討します。

ア……東京2・百貨店2，イ……東京1・百貨店2より，Aは東京で，Eは東京でないことがわかります（百貨店かどうかはA・Eとも不明です）。

同様に，条件イとウを比較すると，BとFについてわかります。

イ……東京1・百貨店2，ウ……東京2・百貨店1より，Bは東京でなく，また百貨店であること，Fは東京であり，また百貨店でないことがわかります（表）。

ア	A 東京○	B	C	D			東京2 百貨店2
イ		B 東京×・百○	C	D	E 東京×		東京1 百貨店2
ウ			C	D	E	F 東京○・百×	東京2 百貨店1

	東京	百貨店
A	○	?
B	×	○
C	?	?

	東京	百貨店
D	?	?
E	×	?
F	○	×

表をもとに，各選択肢を検討すると，確実にいえるのは **5** と決まります。

解答のポイント

　この問題を見て，「○○にはあって，××にはないもの」ってなぞなぞを思い出してしまった……。さて，この問題では，アとイを比較してみると，AとEが入れ替わって，東京が1つ減り，百貨店の数は変化なし。ここからわかることは，Aが東京にあり，Eは東京にないってことがわかるね。百貨店の数に関しては，①AとEと共に百貨店でない，②AとEと共に百貨店であるという2通りが考えられる。次に，イとウを比較してみると，BとFが入れ替わって，東京が1つ増え，百貨店が1つ減っている。ここからFは東京にあり，Bは百貨店で，Fは百貨店でないということがわかる。ここまでで正解は **5** となるね。「腕にあって，足にない，鳩にあって，インコにない，これは？」……

　答えは時計，できたかな。（笑）

正解 **5**

日数の長短

問題
6

ある国で各種運転免許を得るために必要な条件が，ア～カのように示されている。このとき，第一種運転免許を有していないAと有しているBの2人がともに第二種運転免許を最短日数で得た場合に要した日数の差は何日か。

　ただし，Aは第一種運転免許の学科試験と技能試験に1度ずつ不合格となり，Bは卒業試験に1度不合格となった。

ア　第一種運転免許，第二種運転免許ともに学科と技能がある。学科では，学科履修課程修了後に学科試験，技能では，技能履修課程修了後に技能試験がそれぞれ行われ，卒業試験は両方の試験合格後にのみ受験できる。
　　なお，いずれの運転免許も，それぞれの卒業試験の合格者に交付される。

イ　学科履修課程は15単位である。学科は各運転免許に共通で，すべての単位を履修し，学科試験に合格すれば，これらは他の種類の運転免許取得の際には免除される。

ウ　第一種運転免許の技能履修課程は18単位である。第二種運転免許の技能履修課程は12単位で，第一種運転免許を取得している者しか履修できない。

オ　学科履修課程，技能履修課程は，1日にいずれか1単位のみ履修できる。

カ　学科試験，技能試験，卒業試験は，学科，技能を履修しない日の1日にいずれか一つのみ受験できる。

1 35日

2 36日

3 37日

4 38日

5 39日

まず，条件を把握しましょう。

・履修課程および試験は1日にいずれか1つのみ履修（受験）できる

第一種運転免許

・学科履修課程15単位修了後に学科試験

・技能履修課程18単位修了後に技能試験

・学科試験と技能試験に合格した後，卒業試験に合格すると免許取得

第二種運転免許

・学科，技能とも，第一種運転免許取得者のみ履修できる

・条件イより，学科履修課程の15単位が免除される

（学科試験は免除されないことに注意）

・技能履修課程12単位修了後に技能試験

・学科試験と技能試験に合格した後，卒業試験に合格すると免許取得

　　Aは第一種運転免許の学科試験と技能試験に1度ずつ不合格で，Bは第一種運転免許取得者で，第二種運転免許の卒業試験に1度不合格になっていることを踏まえ，2人が第二種運転免許を最短日数で得た場合の日数を計算します（赤字は不合格で余計にかかった日数）。

A：$\underline{15+1+1+18+1+1+1}\,\underline{1+12+1+1}$

B：$\qquad\qquad\underline{1+12+1+1+1}$

　　AとBの差は，$15+1+1+18+1+1=37$日 となります。

解答のポイント

　　問題文が長くて読む気が失せる（笑）。まぁでも，内容的にはそれほど複雑ではないかな。結局AとBの差ってAが第一種免許を取るまでにかかる日数になるはず。ただ，ちょっとしたトラップがあるから気を付けよう。Aが第一種免許を取るまでにかかる日数を考えると，学科履修に15日，学科試験に1回落ちてるから2回分で2日，技能履修に18日，技能試験に1回落ちてるから2回分で2日，更に卒業試験で1日だから，合計$15+2+18+2+1=38$日，でもBは卒業試験に1回落ちているからその差は1日縮まるので，$38-1=37$日 となるね。

正解 **3**

重要度 B

平成26年
国家一般職

制限時間 ⏳7分

問題演習
記録

1回目 □ 2回目 □ 3回目 □

くじ引き（2個取って1個戻す）

問題 7

赤色，青色，黄色の包装紙に包まれたチョコレートがそれぞれ1個，計3個と，同様に各色の包装紙に包まれたクッキーがそれぞれ1個，計3個，合計6個のお菓子が袋の中に入っている。この袋からお菓子を二つ取り出し，そのうち好きな一つを手元に残して，もう一つを袋に戻すことを，A～Eの5名がこの順序で行った。次のことが分かっているとき，確実にいえるのはどれか。

○ Aが取り出したお菓子は二つともチョコレートであり，袋に戻したお菓子の包装紙は赤色であった。
○ Bが手元に残したお菓子の包装紙はAが手元に残したお菓子の包装紙と同じ色であり，Bが袋に戻したお菓子の包装紙は赤色であった。
○ Cが袋に戻したお菓子の包装紙は青色であった。
○ Dが取り出したお菓子の包装紙は二つとも赤色であった。
○ Eが取り出したお菓子は二つともクッキーであった。

① Aが手元に残したお菓子の包装紙は青色であった。

② Bが袋に戻したお菓子はチョコレートであった。

③ Cが手元に残したお菓子の包装紙の色とDが手元に残したお菓子の包装紙の色は異なっていた。

④ Dがお菓子を二つ取り出した後，袋の中に残ったお菓子はチョコレートであった。

⑤ Eが袋に戻したお菓子の包装紙とCが手元に残したお菓子の包装紙は同じ色であった。

与えられた作業の順序を上から1～5とします。作業1より，Aが取り出したのが，①チョコレート赤・青か，②チョコレート赤・黄かで場合分けして考えます。

①の場合

[作業1] Aはチョコレート赤・青を取り出し，青を手元に残して赤を戻した。

チョコレート			クッキー		
赤	(A)	黄	赤	青	黄

（作業2でBが残したのは青色なので，クッキー青に決まります。また，袋に戻したのは赤色なので，チョコレート赤またはクッキー赤のどちらかです。）

[作業2] Bはクッキー青と，チョコレート赤またはクッキー赤のどちらかを取り出し，クッキー青を残した。

チョコレート			クッキー		
赤	(A)	黄	赤	(B)	黄

[作業3] この時点で袋の中に青は残っていないので，作業3が成立しません。

よって，①の場合は不適とわかります。

②の場合

[作業1] Aはチョコレート赤・黄を取り出し，黄を手元に残して赤を戻した。

チョコレート			クッキー		
赤	青	(A)	赤	青	黄

（作業2でBが残したのは黄色なので，クッキー黄に決まります。また，袋に戻したのは赤色なので，チョコレート赤またはクッキー赤のどちらかです。）

[作業2] Bはクッキー黄と，チョコレート赤またはクッキー赤のどちらかを取り出し，クッキー黄を残した。

チョコレート			クッキー		
赤	青	(A)	赤	青	(B)

次の作業3でCが袋に戻したのは青色なので，チョコレートかクッキーのどちらかです。ここで，**作業4でDが赤色の2種を取り出し，なおかつ作業5でEがクッキーを2個取り出すためには，Cがチョコレート青を手元に残す必要があります。**

[作業3] Cはチョコレート青とクッキー青を取り出し，クッキー青を戻した。

チョコレート			クッキー		
赤	(C)	(A)	赤	青	(B)

（作業4でDが取り出したのは赤色の2種ですが，作業5でEがクッキーを2個取り出すには，クッキー赤を袋に戻す必要があります。）

［作業4］ Dは，チョコレート赤とクッキー赤を取り出し，クッキー赤を戻した。

チョコレート			クッキー		
(D)	(C)	(A)	赤	青	(B)

［作業5］ Eは，クッキー赤，クッキー青を取り出した。
ただし，どちらを手元に残したかはわかりません。

以上をもとに選択肢を検討します。

❶ Aが手元に残したお菓子の包装紙は黄色です。誤り。

❷ Bが袋に戻したお菓子はチョコレート，クッキーどちらの場合もあり得ます。誤り。

❸ Cが手元に残したお菓子の包装紙の色は青で，Dのそれは赤ですから，確かに異なっています。正しい。

❹ Dがお菓子を二つ取り出した後，袋の中に残ったお菓子はクッキーです。誤り。

❺ Cが手元に残したお菓子の包装紙は青ですが，Eが袋に戻したお菓子の包装紙は赤か青のどちらかですから，一致するとは限りません。誤り。

解答のポイント

　1人2個ずつ出したり，戻したり，忙しいね。ええと，まずは1番目の条件に「Aが取り出した＝チョコ，Aが戻した＝赤」というのと，2番目の条件に「Bの手元の色＝Aの手元の色」とあるので，「Bの手元＝クッキー＝青か黄色」となるけど，Aの手元の色＝Bの手元の色＝青とすると，3番目の条件「Cの戻した色＝青」に反するよね。だって，先に取った人が手元に残せば，その色のお菓子は後の人は取り出せないはずだからね。よって，Aの手元＝Bの手元＝黄色が確定する。また，4番目の条件に「Dが取り出した＝赤」とあるので，それまで赤はチョコもクッキーも残っていたわけだから，Cの手元＝青のチョコかクッキーということになる。ここで選択肢 **❸** が確定だ！

　もう，わがまま言わず，一度取り出したら，それで満足してほしい（笑）。

正解 **3**

重要度 **A**

平成25年
国家専門職

制限時間 ⏳ **4分**

問題演習
記録

1
回
目 ☐／

2
回
目 ☐／

3
回
目 ☐／

条件と所属

問題
8

幼なじみのA〜Fの6人は，地元にある三つの高校のいずれか一つに通っている。この6人の文系又は理系の選択（文理選択），部活動，カバンの色については，表のとおりである。

	文理選択	部活動	カバンの色
A	理系	書道	黒
B	理系	書道	赤
C	文系	サッカー	白
D	理系	サッカー	黒
E	理系	吹奏楽	赤
F	文系	サッカー	黒

いま，この6人について次のことが分かっているとき，確実にいえるのはどれか。

○どの高校にも，理系選択者が少なくとも1人は通っている。
○サッカー部の者と書道部の者の両方が通っている高校はない。
○同じ色のカバンを持つ者が2人以上通っている高校はない。

❶ CとDは同じ高校に通っている。

❷ CとFは同じ高校に通っている。

❸ EとFは別々の高校に通っている。

❹ 1人しか通っていない高校がある。

❺ 理系選択者が2人通っている高校には，文系選択者は通っていない。

　三つの高校を甲，乙，丙として条件を整理し，表にまとめてみましょう。

条件3「同じ色のカバンを持つ者が2人以上通っている高校はない」より，同じ色のカバンを持つ者がいてはならないから，**A・D・Fはそれぞれ別の高校へ通っている**ことがわかります。

　Aを甲高校と仮定すると，D，Fは，甲高校以外（乙，丙）と決まります。

　次に，条件1「どの高校にも理系選択者が少なくとも1人は通っている」より，どの高校にも理系が必ず1人いるので，**F（文系・サッカー部）が通う高校にはBもしくはEが在籍**することになります。

　さらに条件2「サッカー部の者と書道部の者の両方が通っている高校はない」より，**書道部であるBが除外され，Fが通う高校にはEが通っていることが決まります**。また，**Dもサッカー部なので，Bは甲高校に確定します**。Cに関しては，甲高校でないことしかわからないので，乙か丙2通り考えられます。

　以上をまとめたのが下の表です。

	甲高校	乙高校	丙高校
A（理，書，黒）	○	×	×
B（理，書，赤）	○	×	×
C（文，サ，白）	×		
D（理，サ，黒）	×	○	×
E（理，吹，赤）	×	×	○
F（文，サ，黒）	×	×	○

　学校だけ抜粋したものが右表です。

　これをもとに，選択肢を検討します。

	学校
A	甲
B	甲
C	乙 or 丙
D	乙
E	丙
F	丙

❶ Cは丙高校に通っている可能性があります。誤り。

❷ Cは乙高校に通っている可能性があります。誤り。

❸ EとFは共に丙高校に通っています。誤り。

❹ Cが乙高校に通っている場合，2人ずつとなります。誤り。

❺ 理系選択者が2人いるのは甲高校で，CもFも通っていません。正しい。

解答のポイント

　A〜Fの6人を3つの高校に分ける話だね。条件が3つあるけど，どれが一番やりやすいかというと……3番目の条件「同じ色のカバンの者は同じ高校に通わない」があるね。カバンの色を見ると，黒がちょうどA，D，Fの3人だから，この3人は3つに分かれる。ここから攻めていこう。次に，1つ目の条件「理系が少なくとも1人は通っている」からFの高校にはBかEのどちらかが通うはずだけど，「サッカー部と書道部は一緒の高校には通わない」ので，FとEが同じ高校になる。また，Bは書道部なので，Dとは同じ高校にならないので，必然的にBはAと同じになるが，CとAは同じ高校ではない。ここまでで，正解は **5** とわかる。

　因みに，CはDかFのどちらとも同じ高校になる可能性はある。

正解 **5**

重要度

B

平成23年
国税専門官

制限時間 ⏳ **7分**

問題演習
記録

1
回目 □
2
回目 □
3
回目 □

鉄道の運賃と距離

問題
9

ある鉄道会社の運賃は，駅間の距離（営業キロ）に応じて表のとおり定められている。この鉄道会社の一つの路線上で順に並ぶA〜Dの四つの駅について，各駅間の距離に応じて運賃を計算すると，A−B間は260円，B−C間は200円，C−D間は350円，A−D間は640円であった。

このとき確実にいえるのはどれか。なお，駅間の距離は整数の値であるものとする。

1 〜 3 キロ	160円
4 〜 6 キロ	200円
7 〜 10キロ	210円
11 〜 15キロ	260円
16 〜 20キロ	350円
21 〜 25キロ	440円
26 〜 30キロ	540円
31 〜 35キロ	640円
36 〜 40キロ	740円
41 〜 45キロ	830円
⋮	⋮

1 A−B間の距離が11キロであるとすると，C−D間の運賃は260円である。

2 A−B間の距離が12キロであるとすると，B−D間の運賃は260円である。

3 B−C間の距離が 4 キロであるとすると，A−C間の運賃は350円である。

4 B−C間の距離が 6 キロであるとすると，B−D間の運賃は440円である。

5 C−D間の距離が16キロであるとすると，A−C間の運賃は350円である。

A－B間は260円，B－C間は200円，C－D間は350円，A－D間は640円であった
とあるので，図に描いてみましょう。

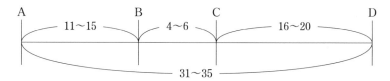

ここで，各区間の最短距離の和（11＋4＋16＝）31キロは，A－D間の最短距離と
同じであるのに対し，最長距離の和（15＋6＋20＝）41キロは，A－D間の最長距離
35キロではないことを確認しておきましょう。

続いて，この状況下で，各選択肢が成り立つかどうかを検討します。

❶ A－B間11キロより，A－C間は15〜17キロとなります。また，A－D間31〜
35キロより，C－D間は（31－17＝）14キロ〜（35－15＝）20キロとなり，その
料金は，260円か，350円か確定できません。誤り。

❷ A－B間12キロで，A－D間31〜35キロより，B－D間は19〜23キロとなり，
この運賃は350円か，440円か確定できません。誤り。

❸ B－C間4キロ，C－D間は16〜20キロなので，B－D間は，20〜24キロとな
ります。そうするとA－D間は31〜35キロですから，A－B間は（31－24＝）7
キロ〜（35－20＝）15キロとなります。料金より，A－B間は11〜15kmなので，
A－C間が15〜19キロとなり，運賃は260円か，350円か確定できません。誤り。

❹ B－C間が6キロだとすると，A－B間が11〜15キロですから，A－C間は17
〜21キロです。そうすると，C－D間は，（31－21＝）10キロ〜（35－17＝）18キ
ロです。ここで，C－D間が16〜20キロであることを合わせると，C－D間は16
〜18キロなので，B－D間は22〜24キロと決まります。この間の運賃は440円と確
定します。正しい。

❺ C－D間16キロとすると，A－D間31〜35キロより，A－C間は15~19キロとな
るので，A－C間の運賃は260円か，350円かを確定できません。誤り。

これは，ちょっとわかりにくい問題だけど，選択肢が条件付きなので，実際に選択肢の条件を試してみよう。おっと，その前に，あらかじめ条件に与えられている料金表からそれぞれの距離の範囲を求めておくと，AB間の距離は11〜15キロ，BC間の距離は4〜6キロ，C−D間は16〜20キロ，A−D間は，31〜35キロとなっている。それでは，選択肢❶から見ていこう。A−B間を11キロと仮定すると，A−C間は15〜17キロとなる。A−C間は260円の可能性もあるけど，350円の可能性もあるよね。だから，この選択肢は違う……。というぐあいに消去法で選択肢を選んでいこう。

そうすると，選択肢❹で，B−C間を6キロとすると，A−C間は17〜21キロで，A−D間は31〜35キロだから，C−D間は10〜18キロとなる。しかし，料金からC−D間は16〜20キロだったので，両方の範囲で考えれば，C−D間は16〜18キロとなる。よって，B−D間は22〜24キロとなり，440円となる。

正解 4

重要度

A

平成23年
国家Ⅱ種

制限時間 ⏳ **6分**

問題演習
記録

1回目 ／ □
2回目 ／ □
3回目 ／ □

職員の所属ほか

> 問題
> 10
>
> ある課にはA～Fの6人の職員がおり，それらの職員の役職，性別，年齢層について次のことが分かっているとき，確実にいえるのはどれか。
>
> ○役職については，課長が1人，係長が2人，係員が3人である。
> ○性別については，男性が4人，女性が2人であり，年齢層については，50歳代が1人，40歳代が1人，30歳代が2人，20歳代が2人である。
> ○Aは40歳代の男性で，Fよりも年齢層が高い。
> ○Bは男性の係長であり，Fよりも年齢層が高い。
> ○Cは女性であり，Dよりも役職，年齢層ともに高い。
> ○E，Fは係員である。また，FはDよりも年齢層が高い。
> ○係員は，3人とも年齢層が異なる。

1 Aは係長である。

2 Eは男性である。

3 女性のうちの一人は20歳代である。

4 係員のうちの一人は50歳代である。

5 課長は女性である。

A～Fの6人の役職，性別，年齢層について，7つの条件が与えられています。条件からわかることをまとめていきましょう。

最初の2つの条件からは，

役職：課長1人，係長2人，係員3人

性別：男性4人，女性2人

年齢層：50歳代1人，40歳代1人，30歳代2人，20歳代2人

が判明します。

残りの条件を条件1 ～ 5として，わかることを表1にまとめます。

条件1：Aは40歳代の男性で，Fよりも年齢層が高い。

条件2：Bは男性の係長であり，Fよりも年齢層が高い。

条件3：Cは女性であり，Dよりも役職，年齢層ともに高い。

条件4：E，Fは係員である。また，FはDよりも年齢層が高い。

条件5：係員は，3人とも年齢層が異なる。

表1	役職	性別	年齢層
A		男性	40歳代 A＞F
B	係長	男性	B＞F
C	C＞D	女性	C＞D
D			
E	係員		
F	係員		F＞D
○＞△：○は△より役職・年齢層が高い			

条件1と条件4より，**年齢層はA＞F＞D**となり，Aは40歳代であることから，Fは30歳代，Dは20歳代と判明します。

続いて，条件2より**Bは50歳代**と判明します（40歳代はA1人とすでに確定しています）。残りは20歳代1人と30歳代1人ですが，Dは20歳代だから，条件3よりCは30歳代となるので，年齢層はすべて確定します。

次に，役職に着目すると，確定していないのは各役職1名ずつです。

係員のうち20歳代（E），30歳代（F）は判明しています。50歳代のBは係長ですから，条件5より最後の係員は40歳代のAと決まります。

さらに，条件3より，Cは課長，Dは係長と順に判明します。

なお，D，E，Fの性別に関しては，確定しません（表2）。

表2	役職	性別	年齢層
A	係員	男性	40歳代
B	係長	男性	50歳代
C	課長	女性	30歳代
D	係長		20歳代
E	係員		20歳代
F	係員		30歳代
○＞△：○は△より役職・年齢層が高い			

表2をもとに，選択肢を検討します。

❶ Aは係員です。誤り。

❷ Eの性別は確定していません。誤り。

❸ Cは30歳代で，残りの1人も30歳代である可能性があります。誤り。

❹ 係員は40，20，30歳代です。誤り，

❺ 課長はCで女性です。正しい。

解答のポイント

　表を使って，条件を整理していこう。DはA，B，C，
F4人より年齢層が低いので，これは20代しかない。また，
FはA，Bより年齢層は低いけど，Dよりは高いのだから，
30代しかないよね。また，BはFより年齢層が高いから
50代が決まる。すると，係員のEは30代でもないし，40代，
50代でもないから20代が決まる。となると，C，Dは係員
ではなく，係員はAしかいない。CはDより役職が高い
からCは課長，Dは係長が決まる。ここまできて，正解
は**❺**だ！　30代で課長とは，早い出世だ！

正解 **5**

条件に当てはまる「数」

　条件文の中に出てくる「数」を念頭に，その条件に当てはまる「数」を自らが拾い出していくことが解決への近道です。

条件整理（その他）

重要度

A

平成25年
国家一般職

制限時間 ⏳ 5分

問題演習
記録

1回目 ／ □ 2回目 ／ □ 3回目 ／ □

座標当てゲーム

問題
1

A, Bの2人が下のような5×5のマス目の図が書かれた紙を1枚ずつ持ち, 次のようなゲームを行う。

① Aは, 自分の図の中の任意の二つのマス目に丸印を付ける。

② Bは, 相手の図を見ずに任意の一つのマス目を指定する。

③ Aは, Bが指定したマス目及びその周囲のマス目にある丸印の個数を回答する。

なお, Bが指定したマス目に対する「周囲のマス目」とは, 例えばBが「イ2」を指定した場合にはア1, ア2, ア3, イ1, イ3, ウ1, ウ2, ウ3を指し, 「ア4」を指定した場合にはア3, ア5, イ3, イ4, イ5を指す。

④ Aがどのマス目に丸印を付けたかをBが当てるまで②, ③を繰り返す。

Bが指定したマス目及びそれに対するAの回答が表のとおりであったとき, 確実にいえるのはどれか。

	1	2	3	4	5
ア					
イ					
ウ					
エ					
オ					

Bが指定したマス目	Aの回答
「イ2」	「1個」
「エ4」	「1個」
「イ4」	「2個」

❶ Bが「ウ3」を指定しAの回答が「2個」であれば, 丸印が付いた二つのマス目は特定される。

❷ Bが「ウ3」を指定しAの回答が「1個」であれば, ア3に丸印がある可能性はない。

❸ Bが「イ5」を指定した場合, Aの回答は必ず「1個」である。

❹ Bが「ウ2」を指定した場合, Aの回答は必ず「1個」である。

❺ Bが「エ2」を指定した場合, Aの回答は必ず「0個」である。

　Aの回答が「指定したマス目およびその周囲のマス目にある丸印の個数」であること，つまり，仮にBが丸印のある座標を指定しても，Aの回答は「○個」である（「当たり」のような答え方はしない）点に注意しましょう。

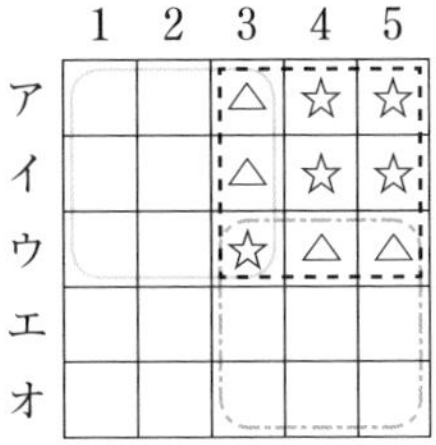

　条件を図に書き込んでみます。

　「イ2」，「エ4」は1個なので，それぞれ，そのマス自体とその周囲8マスのうち，1マスだけ丸印があります（右図　と　）。

	1	2	3	4	5
ア			△	☆	☆
イ			△	☆	☆
ウ			☆	△	△
エ					
オ					

　「イ4」は2個なので，イ4とその周囲8マスのうち，2マスに丸印があります（右図　）。

　考えられるパターンは，次の2つです。

① 　ウ3に1つと，ア4，ア5，イ4，イ5のいずれかに1つ 　……☆

② 　ア3またはイ3に1つとウ4またはウ5に1つ 　……△

　これをもとに，選択肢を検討します。

❶ 　Bが「ウ3」を指定しAの回答が「2個」であるとき，

　①「ウ3」と「イ4」，②「イ3」と「ウ4」の，計2通りがありえます。

　よって，丸印がついたマス目は特定できません。

❷ 　Bが「ウ3」を指定しAの回答が「1個」であるとき，

　②より，「ア3」に1つと「ウ4」に1つとなる可能性もあります。

　よって，ア3に丸印がある可能性は残ります。

❸ 　Bが「イ5」を指定したとき，

　①ア4，ア5，イ4，イ5のどこかに1つあるのでAの回答は「1個」

　②ウ4またはウ5に1つあるのでAの回答は「1個」

　つまり，どちらのパターンでもAの回答は必ず「1個」になります。

❹ 　Bが「ウ2」を指定したとき，②で丸印の1つがア3にある場合，Aの回答は「0個」となります。

❺ 　Bが「エ2」を指定したとき，①で丸印の1つがウ3にある場合，Aの回答は「1個」となります。

解答のポイント

　パッと見の印象はなんだか入り組んでいて，面倒くさそうだけど，内容的にはそんなに複雑じゃないよ。「見かけ倒しな奴」ってことだ。要するにAの決めた2か所の○について，Bがあてずっぽうでマス目を指定し，AがBの指定したマス目も含めてその周囲の中に○がいくつあるかを答えて，それをBが聞いて最終的にAの決めた2か所の○を当てるゲームだ。選択肢が条件付きなので，選択肢を一つひとつ検討していこう。図を書きながら確認してほしい。

❶ Bが「ウ3」を指定して，Aの回答が「2個」であったとしても，例えば，「イ3」と「ウ4」の2個かもしれないし，「イ4」と「ウ3」の2個かもしれないから，特定はできないってことになる。

❷ Bが「ウ3」を指定して，Aの回答が「1個」であった場合，例えば○が「ア3」「ウ4」にあったとする場合もあり得るので，「ア3」に丸印がある可能性がないとはいえない。

❸ Bが「イ5」を指定した場合，「イ2」の周囲と「イ5」の周囲とは重なりがないので，Aの答えは必ず「1個」になる。よって，この選択肢が正解！

正解 **3**

重要度

B

平成22年
国税専門官

制限時間 ⏳ **4分**

問題演習
記録

1回目 ／ □　2回目 ／ □　3回目 ／ □

記号列と規則

問題
2

3種類の記号□, △, ×から成る記号列を考える。次の1〜4の規則に従って得られるもののみを「整列した記号列」と定義するとき, A〜Gの七つの記号列のうち, 「整列した記号列」であるのはいくつか。

1　□は単独で「整列した記号列」である。

2　「整列した記号列」の最も右にある記号が□であるとき, その右に△を一つ付け加えたものは「整列した記号列」である。

3　「整列した記号列」の最も右にある記号が△であるとき, そこの右に×を一つ付け加えたものは「整列した記号列」である。

4　「整列した記号列」の右に「整列した記号列」を続けたものは「整列した記号列」である。

A：□□△×
B：□□□△□
C：□△×□△
D：□△□△△×
E：□△×□□△
F：□△□△×□
G：□△△××□

1　二つ

2　三つ

3　四つ

4　五つ

5　六つ

　条件①〜③より，もっとも単純な場合で，次の3通りは「整列した記号列」となります。枠で囲われた部分は「整列した記号列」です。

　条件①→□

　条件①と②→□△

　条件②と③→□△×

　ここでは，条件④を正確に把握することがポイントです。

「整列した記号列」の右に「整列した記号列」を続けたものは「整列した記号列」，つまり，「整列した記号列」以外の記号列が含まれた場合「整列した記号列」にはなりません。

　□は単独で「整列した記号列」になるので，△や×の右隣に注目して，A〜Gを検討します（△の右隣は□か×，×の右隣は□である必要があります）。

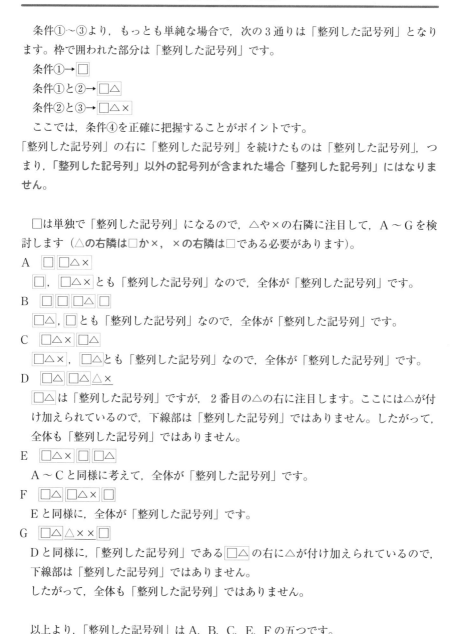

A　□ □△×

　　□，□△×とも「整列した記号列」なので，全体が「整列した記号列」です。

B　□△ □

　　□△，□とも「整列した記号列」なので，全体が「整列した記号列」です。

C　□△× □△

　　□△×，□△とも「整列した記号列」なので，全体が「整列した記号列」です。

D　□△ □△△×

　　□△ は「整列した記号列」ですが，2番目の△の右に注目します。ここには△が付け加えられているので，下線部は「整列した記号列」ではありません。したがって，全体も「整列した記号列」ではありません。

E　□△× □ □△

　　A〜Cと同様に考えて，全体が「整列した記号列」です。

F　□△ □△× □

　　Eと同様に，全体が「整列した記号列」です。

G　□△△××□

　　Dと同様に，「整列した記号列」である□△ の右に△が付け加えられているので，下線部は「整列した記号列」ではありません。

　　したがって，全体も「整列した記号列」ではありません。

　以上より，「整列した記号列」はA，B，C，E，Fの五つです。

うん？　「整列した記号列」って何だろう？　まぁ，深く考えると眠れなくなるし，問題文に「整列した記号列」の定義があるから，それに従って考えていこう。要するに□単独や□△や□△×は「整列した記号列」といえるけど，それ以外はダメってことだよね。

あと，「整列した記号列」＋「整列した記号列」＝「整列した記号列」ってこともいえるはず。そうすると，Dでは左から4番目の△の右隣は△だけど，これはアカンよね。△の右隣は×じゃないと，ってことでDは違う。さらに，Gの左から3番目の△の右隣りも△だけど，これもダメだよね。△の右隣は×でないといけない。ということで，D，Gを除く5つが正しい。

正解　4

位相

重要度 **S**

平成27年
特別区

制限時間 ⏳ **2分**

問題演習
記録

1
回
目 ／ □

2
回
目 ／ □

3
回
目 ／ □

一筆書き

問題1 次の図のような，同じ長さの線64本で構成された図形がある。今，この図形から何本かの線を取り除いて一筆書きを可能にするとき，取り除く線の最少本数はどれか。

① 2本

② 3本

③ 4本

④ 5本

⑤ 6本

一筆書きが可能な図形は，次のどちらかです。

- 頂点が全部偶点（それにつながる辺の数が偶数である頂点）であるもの
- 奇点（それにつながる辺の数が奇数である頂点）を2つ持つもの

まずは与えられた図の各点に何本の辺が集まっているか（各点を交差点とみなした場合何方向に行けるか）書き込んでみましょう。

両端中段に「3（奇点)」が8か所あるので，これを2つに減らすことを考えます。辺を外すと，外した辺とつながる頂点にかかれた数字が減ります。「4」が「3」にならないよう，「3」どうしをつなぐ辺を外します。8本あるうちの3本を外せば「3」が2つになるので，一筆書きが可能になります（図は一例）。

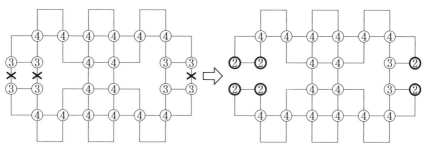

解答のポイント

「一筆書き」の問題だね。「一筆書き」が可能な図形は「奇点の数が0または2の図形」だ。えっ？　「奇点」って何かって？　まぁ，そうだよね。「奇点」とは，「線分の交点において，その点から出る線分の数が奇数本の点」のことだ。うん？　わかりにくいかな。詳しくは解説文を見てほしいけど，③とか④とか数字の書かれた交点があるだろう。これは，その点から出ている線分の数をあらわしている。

つまり，本問の場合③が奇点だ。この図は奇点の数が8ある図形ということになる。これを「一筆書き」が可能な図形に変えるには，直線を3本抜く（一本抜くと，奇点が2か所減る）ことによって，全体で奇点の数が2か所になるよね。この問題は，「一筆書き」が可能な図形の特徴を知っているだけで瞬殺だ！

正解 **2**

一筆書き

① スタートとゴールが同じ

　どの結節点（交差点）からも，偶数の方向（路線）へ行ける偶点のみで作られます。

② スタートとゴールが別

　2つの結節点（交差点）だけ奇数の方向（路線）へ行ける奇点で，他は偶数の方向（路線）へ行ける偶点で作られます。

軌跡

重要度
A

平成29年
特別区

制限時間 ⏳ 3分

問題演習
記録 1回目 ☐ 2回目 ☐ 3回目 ☐

円内を1周する円上の点の軌跡

問題1 次の図のように，大円の半径を直径とする円Aと大円の半径の $\frac{1}{2}$ を直径とする円Bがあり，大円と円Aが内接する点をP，大円と円Bが内接する点をQとする。今，円Aと円Bが大円の内側を円周に沿って滑ることなく矢印の方向に回転したとき，元の位置に戻るまでに点Pと点Qが描く軌跡はどれか。

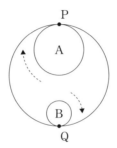

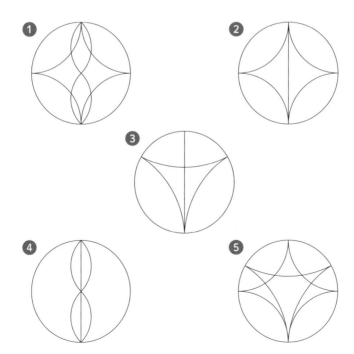

大円と円Aの半径の比は，2：1です。この円Aが大円の内側を1周すると，回転数は1で，点Pの奇跡は直線になります。ここで，選択肢は ② ， ③ ， ④ に絞られます。

大円と円Bの半径の比は，4：1です。この円Bが大円の内側を1周するとき，回転数は3なので，大円の外周 $\frac{1}{4}$ 周分で $\frac{3}{4}$ 回転するから，点Qの位置は外周 $\frac{1}{4}$ 周ごとに大円に内接します。

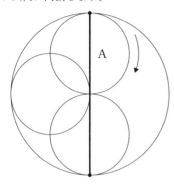 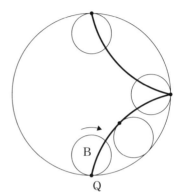

解答のポイント

　小円が大円の内側を1周して戻るまでに描く点P，Qの軌跡だけど，2つの円を同時に考えると頭が混乱するので，それぞれ別々に考えよう。まず，大円と円Aの半径の比は2：1だね。このときの点Pの軌跡は直線になる（これは，もう暗記しちゃおう）。ここまでで，選択肢 ❶ と ❺ は消える。

　次に，円Bだけど，選択肢 ❹ については円Bが大円の中心を通っているから，さすがにこれは違うよね。大円と円Bの半径の比は4：1。このとき，円Bは1周で3回転する。このとき点Qの軌跡を考えると，また，1周で3回転ということは $\frac{1}{2}$ 周で $\frac{3}{2}$ 回転だ。そのとき点Qは真上を向くので，スタートと正反対の位置で点Qは大円に接している。よって ❷ が正解だね。

正解 **2**

重要度 **S**

平成26年 東京都 | 制限時間 ⏳ **3分** | 問題演習 記録

1回目 ☐ 2回目 ☐ 3回目 ☐

円上を接しながら回る円の回転数

問題 2

下図のように，同一平面上で，直径 4R の円 Z に，半分が着色された直径 R の円 X 及び直径 $\frac{3}{2}$R の円 Y が，アの位置で接している。

円 X 及び円 Y が，それぞれ矢印の方向に円 Z の円周に接しながら滑ることなく回転し，円 X は円 Z を半周してイの位置で停止し，円 Y は円 Z を $\frac{3}{4}$ 周してウの位置で停止したとき，円 X 及び円 Y の状態を描いた図の組み合わせとして，正しいのはどれか。

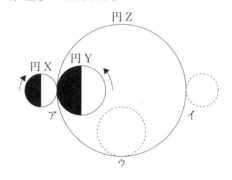

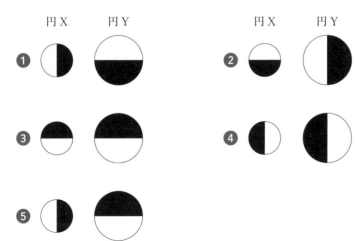

直線に直して考えるとわかりやすくなります。

ア〜イまで $2\pi R$ です。ここを円 X の円周 πR の円が滑ることなく転がると，2 回転してイではアと同じ向き（下半分が白，上半分が黒）になりますが，もとの大円 Z で考えると，模様が左右逆（右側が黒，左側が白）になります。選択肢は ❶ か ❺ になることがわかります。

また，ア〜ウまで $3\pi R$ です。ここを円周 $\frac{3}{2}\pi R$ の円が滑ることなく転がると，2 回転してウではアと同じ向き（下半分が白，上半分が黒）になりますが，もとの大円 Z で考えると，模様は円の内側に接しているほうが黒になります。

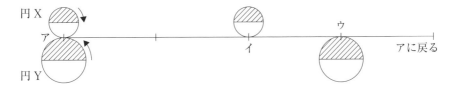

円 X　ア　円 Y　イ　ウ　アに戻る

解答のポイント

◎円の外側を円が回る時→直線上のときの回転数＋1 回転

◎円の内側を円が回る時→直線上のときの回転数−1 回転だ。

　本問の場合，円 X の直径：円 Z の直径＝ R：4R ＝ 1：4 だから，直線上を円 X が転がるとすると，4 回転する。今回は円の外側を回っているから 1 回転増えて，5 回転になる。半周では $\frac{5}{2} = 2.5$ 回転だ。

　なので，模様は右半分が黒くなる。選択肢は ❶ か ❺ だ！

　次に，円 Y の直径：円 Z の直径 ＝ $\frac{3}{2}$R：4R ＝ ＝ 1：$\frac{8}{3}$ だから，直線上を円 Y が転がるとすると $\frac{8}{3}$ 回転する。今回は円の内側を回っているから 1 回転減り，$\frac{5}{3}$ 回転である。$\frac{3}{4}$ 周では，$\frac{5}{3} \times \frac{3}{4} = \frac{5}{4} = 1\frac{1}{4}$ 回転である。反時計回りに回っているので，下半分が黒くなる。よって，正解は ❶ だ！

正解 **1**

重要度 S

平成26年
特別区

制限時間 ⏳ 3分

問題演習
記録

1回目 ／ □ 2回目 ／ □ 3回目 ／ □

複合図形上の点の軌跡

問題 3 次の図は，ある図形が直線を滑ることなく回転したとき，その図形上の点Pが描く軌跡であるが，この軌跡を描くものはどれか。

❶
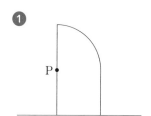

❷
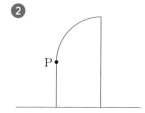

❸
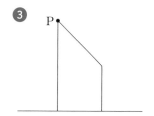

❹
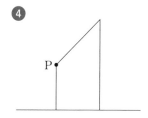

❺
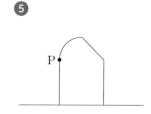

軌跡は3回目で着地しているから，明らかに2回で着地する❸や❹ではあり得ません。残りを順に見ていきます。

❶× 正方形に右上 $\frac{1}{4}$ 円が乗った複合図形です。この図形はまず正方形右下の頂点を回転の中心として90°倒れます。このとき，軌跡は弧ができます。Pは $\frac{1}{4}$ 円の中心に位置しているように見えるから，次の軌跡は直線になります。よって，不可です。

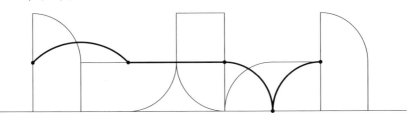

❷○ 正方形に左上 $\frac{1}{4}$ 円が乗った複合図形です。この図形も，まず正方形右下頂点を回転の中心として90°倒れます。このとき，軌跡は弧ができます。部分円は台と（仮想の）直径が垂直になるまで立ち上がるから，次の軌跡も弧ができます。半径は先ほどの正方形の対角線の長さと同じで，中心角はこの場合90°です。先ほどの弧と同様のものができます。

その次は，円周上の1点の軌跡だから，サイクロイド曲線が着地します。

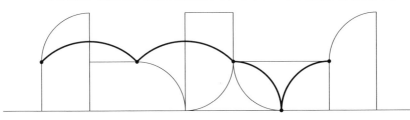

❺× 先ほどの正方形に，半径が半分になった左上 $\frac{1}{4}$ 円と一辺の長さがその半径と等しい直角二等辺三角形が乗った複合図形です。1回目は半径が正方形の対角線の長さに等しく中心角が90°の弧ができます。次は，正方形の右上の頂点のところが回転の中心になって半径が正方形の一辺の長さに等しく中心角が45°の弧ができます。よって，不可です。

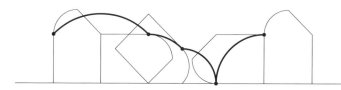

　普通，軌跡の問題というのは，最初に図形ありきで，軌跡はその後っていうパターンが多い。ところが，この問題は最初に軌跡があって，それに合う図形はどれか。というタイプだ。なんだかいやらしいね（笑）。

　この場合は，選択肢を実際に転がしてみよう。もちろん，そのときに注目すべき点は，転がりの中心，半径だ！　例えば，選択肢 ❶ は，2回目の転がり時が，円が転がる時の中心の軌跡と同じなので，直線になるはずだ。選択肢 ❸ と ❹ の図形は，2回目に転がすと，P が直線上にくる。これも違う。選択肢 ❺ は1回目の半径の長さと2回目の半径の長さを比べると，1回目の半径＞2回目の半径だが，問題の半径の長さはほぼ同じくらいだ。消去法で考えても ❷ が正解だね！

正解 **2**

重要度 **S**

平成25年
特別区

制限時間 ⏳ **5分**

問題演習
記録

1回目 □ 2回目 □ 3回目 □

セクション **12** 軌跡

軌跡で囲まれた面積

問題 4 次の図のように，AB が 6 cm，BC が 8 cm の長方形 ABCD が，1 辺の長さ14cm の正方形 Q の外側に接しながら，滑ることなく回転し1周した。このとき，頂点 A が動いた軌跡と正方形 Q の辺で囲まれた部分の面積はどれか。

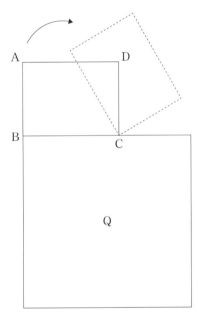

❶ $63\pi + 48 \text{ cm}^2$

❷ $75\pi + 24 \text{ cm}^2$

❸ $75\pi + 48 \text{ cm}^2$

❹ $126\pi + 96 \text{ cm}^2$

❺ $150\pi + 96 \text{ cm}^2$

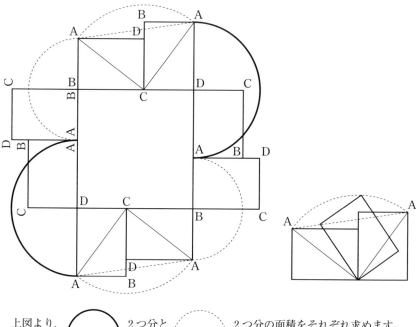

上図より，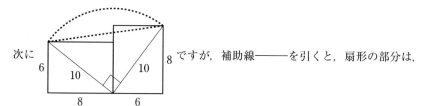 2つ分と 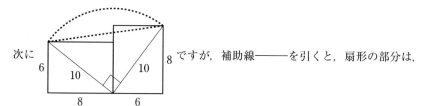 2つ分の面積をそれぞれ求めます。

$$8 \times 8 \times \pi + 6 \times 6 \times \pi = 100\pi \ (\text{cm}^2)$$

次に 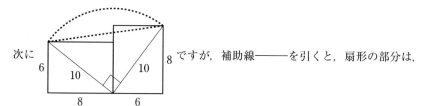 ですが，補助線——を引くと，扇形の部分は，

半径10の4分の1円とわかります。

よって，

$$10 \times 10 \times \pi \times \frac{1}{4} + \left(6 \times 8 \times \frac{1}{2}\right) \times 2$$

$$= 25\pi + 48 \ (\text{cm}^2)$$

これが上下に計2つあるから，$50\pi + 96$（cm^2）

すべて合計すると，$150\pi + 96$（cm^2）

解答のポイント

　うわ，軌跡の長さどころか，面積を求めろだって！？ うーん，逃げ出したい（笑）。でも，急がば回れで頑張ろう。これも原則，回転の中心と，半径，回転角度に注目しつつ，面積部分を扇形と三角形に分けて，それぞれの面積を出して合計しよう。気が遠くなる作業のような気がするけど，本問の場合は，回転角度は90°か180°しかないし，ちょうど半分の位置までくれば，あとはその繰り返しになるので，思ったよりはやりやすいね。

　例えば，1回転目，半径は長方形の対角線10cm（これは，三平方の定理から求めよう），回転角90°なので，扇形の面積は $10^2 \times \pi \times \dfrac{1}{4} = 25\pi$ だ。直角三角形部分は

$6 \times 8 \times \dfrac{1}{2} = 24$ が2つあるので $24 \times 2 = 48$ だ。ここまでで，合計 $25\pi + 48$。2回転目，半径は長方形の長辺 8 cm，回転角180°なので，$8^2 \times \pi \times \dfrac{1}{2} = 32\pi$ …… というぐあいに求めていこう。解説文のように，先に軌跡の形を出して，後から面積を求めたほうが効率いいかもね。

正解 **5**

重要度 **S**

平成23年
東京都

制限時間 ⏳ 6分

問題演習
記録

1回目 ／ □
2回目 ／ □
3回目 ／ □

軌跡の長さ①

問題 **5** 下図のように，斜辺の長さ$2a$の直角三角形が，Aの位置からBの位置まで線上を滑ることなく矢印の方向に回転するとき，頂点Pが描く軌跡の長さとして，正しいのはどれか，ただし，円周率はπとする。

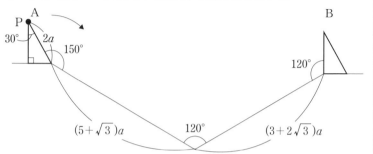

① $\left(\dfrac{13}{6} + \dfrac{5\sqrt{3}}{6}\right)\pi a$

② $\left(\dfrac{5}{3} + 2\sqrt{3}\right)\pi a$

③ $\left(\dfrac{13}{3} + \dfrac{5\sqrt{3}}{3}\right)\pi a$

④ $\left(\dfrac{17}{3} + \dfrac{11\sqrt{3}}{6}\right)\pi a$

⑤ $\left(\dfrac{14}{3} + 2\sqrt{3}\right)\pi a$

点 P が軌跡を描く半径と角度を，順番に書きあげていきます。

半径	$2a$	$\sqrt{3}\,a$	$2a$	$\sqrt{3}\,a$	$2a$	$\sqrt{3}\,a$
角度	$150°$	$90°$	$120°$	$90°$	$120°$	$120°$

そして，半径別に角度の和を求め，弧の長さを計算します。

$$\text{半径}\ 2a：4\pi a \times \frac{150+120+120}{360} = \frac{13}{3}\pi a$$

（上の計算だけでも選択肢 **3** を選択することが可能です）

$$\text{半径}\ \sqrt{3}\,a：2\sqrt{3}\,\pi a \times \frac{90+90+120}{360} = \frac{5\sqrt{3}}{3}\pi a$$

以上を合計すると，

$$\left(\frac{13}{3}+\frac{5\sqrt{3}}{3}\right)\pi a$$

となります。

セクション **12** 軌跡

解答のポイント

　これは……，丁寧に転がしていき，P の位置，回転するときの半径と回転した角度に注意しながら，一つひとつ弧の長さを出していくしかないね。地道な作業だ。斜面の長さに注意して，直角三角形の状態を注意深く，考えていこう！

正解 **3**

重要度 **A**

平成22年
東京都

制限時間 ⏳ **2分**

問題演習
記録

1回目 ／ □　2回目 ／ □　3回目 ／ □

軌跡の長さ②

問題 6

下図のように，点Oを中心とする半径aの半円が，直線上を直線と接しな
がら，Aの位置からBの位置まで滑ることなく矢印の方向に1回転する
とき，点Oが描く軌跡の長さとして，正しいのはどれか。ただし，円周率
はπとする。

① $2\pi a$

② $\dfrac{9}{4}\pi a$

③ $\dfrac{5}{2}\pi a$

④ $\dfrac{11}{4}\pi a$

⑤ $3\pi a$

　Aの位置から半円が90°矢印の方向に動くと，直径が直線と90°に接し，点Oは半径a，中心角90度の弧を描きます。

　そして，半円の弧が直線上を180度回転すると直径が直線と90°に接します。ここまでは，点Oは半円の弧の長さと同じ長さの直線を描きます。

　そして，最後に90°回転すると半円はBの位置になり，点Oは半径aの弧を描きます。

　つまり，点Oは，半径aの弧の長さを$90°＋180°＋90°＝360°$分軌跡を描くことから，求める長さは半円aの円周（$2×\pi×a$）となります。

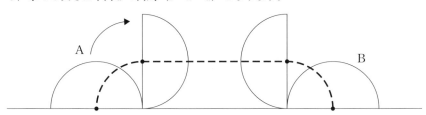

解答のポイント

　これは，いたってシンプルな問題だ。①まず，半円が立ち上がる。②円弧の部分が直線上を転がる。③①の状態と左右対称な形になり，右に倒れる。①，③の軌跡は弧になるので，求めやすいと思うけど，気を付けるのは②かな。②の軌跡だけど，ここは直線になり，その長さは半円の円周の長さと一致するからね。では，頑張って求めよう！

正解 **1**

図形の回転

　「軌跡」の問題とは，図形が転がっていくときに，指定された点がどのような
ラインを描くのかを問われる問題です。実際に頭の中で図形を転がしてみること
も重要ですが，ただやみくもに転がすのではなく，中心，半径，角度といったポ
イントをおさえて転がすことを意識しましょう。

平面図形

重要度 C

平成29年
東京都

制限時間 ⏳ 3分

問題演習
記録

1回目 / □　2回目 / □　3回目 / □

同じ図形の敷き詰めの問題

問題1 図1のような五角形の将棋の駒を，図2の実線部分のように3枚を1組として，角どうしが接するように並べ続けたとき，環状になるために必要な枚数として正しいのはどれか。

85°　　85°

図1

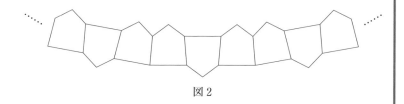

図2

① 60枚

② 72枚

③ 108枚

④ 120枚

⑤ 135枚

3枚1組の五角形の駒を接するように並べて，両端の駒の辺を延長すると，細長い二等辺三角形に近い六角形ができます。これを二等辺三角形とみなすと，頂角は

$$180° - (85° + 85°) = 10°$$

です。

この二等辺三角形を，等しい辺が接するように並べて環状にするには，二等辺三角形が，

$$360° ÷ 10° = 36（個）$$

必要です。

1つの二等辺三角形には，駒が3枚ですから，

駒は全部で

$$36 × 3 = 108（枚）$$

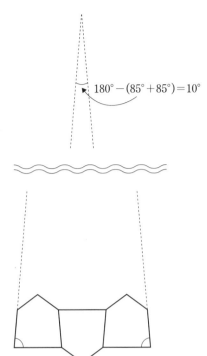

$180° - (85° + 85°) = 10°$

セクション

13

平面図形

解答のポイント

将棋界も今，藤井聡太君が出てきて，熱いよね。さて，この将棋の駒をいくつ集めれば，円の形になるか？　いったいなんのために……（笑）。解説文の図を見てもらうと，3つの駒を並べた状態をつくり，左右の辺をずっと延長させて，交わるところを頂点とする大きな三角形を作るようなイメージ。そうすると，頂点の内角は三角形の内角の和から考えて，$180° - (85° × 2) = 10°$ となるよね。この10°がいくつ集まれば，円の内角360°になるかを考えればいい。当然 $360° ÷ 10° = 36$ だ。駒3枚で10°なので，駒は全部で，$36 × 3 = 108$ 枚必要だ！

正解 **3**

平成26年
東京都

制限時間 2分

問題演習
記録

1回目 □　2回目 □　3回目 □

折り紙問題

問題2 下図のように，正方形の紙を点線を谷にして矢印の方向に畳み，でき上がった三角形の黒い部分を切りとったとき，残った紙を広げた形として，正しいのはどれか。

 ⇒ 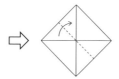 ⇒   ⇒

❶

❷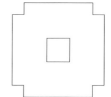

❸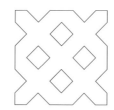

❹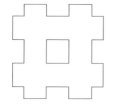

❺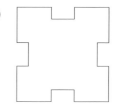

線対称の関係を利用して，逆の順に開きながら黒くなる部分を書き込んでいきます。

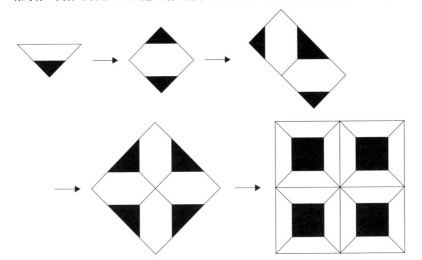

解答のポイント

　「折り紙」問題のポイントは

① 折り順とは逆の手順で広げていく。

② 広げた模様は折り目に対して，線対称になる。

　この2点だけ！　このことを肝に銘じて，絵を描いていこう！　レッツ，チャレンジ！

正解 **1**

平成26年
東京都

制限時間 ⏳ 3分

問題演習
記録

1
回目 □

2
回目 □

3
回目 □

余りのピースを探す

問題
3

下図のような A ～ E の5個の図形から4個を選んで, すき間なく, かつ
重なり合うことなく並べ合わせて正方形をつくるとき, 必要でない図形と
して, 妥当なのはどれか。ただし, いずれの図形も裏返さないものとする。

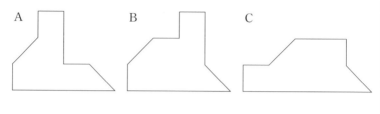

1　A

2　B

3　C

4　D

5　E

　各パーツに含まれる直角二等辺三角形の面積の1つを0.5とおいて，A〜Dのパーツそれぞれの全体の面積を出してみると，A〜Eのアルファベット順に，6，7，7，6，6になります。

A
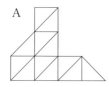

B
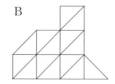

C
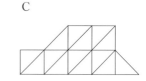

D
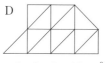

E
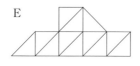

$6 \times 3 + 7 = 25 = 5^2$

で1辺が5正方形の面積になるから，**不要なパーツは面積7のBかCのいずれか**ということになります。各図形を組み合わせると，右のようになるので，不要なのはBとわかります。

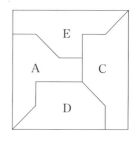

解答のポイント

　「ジグソーパズル」問題だね。もちろん，試行錯誤することで正解を見つけるしかないんだけど，ちょっとその前に一工夫。A〜Eの各パーツに補助線を入れていこう（解説文参照）。

　すると，小さい正方形の面積を1として考えると，A＝6，B＝7，C＝7，D＝6，E＝6となる。A〜Eをすべて加えると32。最終的には大きな正方形を作りたいわけだから，この値を超えずに，最も近い正方形の面積を考えると5×5＝25だね。ということは，32−25＝7のパーツがいらないパーツということになる。だから，いらないのはBかCだ。ね，こういう数字的な条件だけでも選択肢は絞り込めるよ。あとは，BかCを抜いた残りのパーツを使って，正方形を作れるかどうかは君の腕次第。（笑）

正解 **2**

重要度
B

平成25年
裁判所職員

制限時間 ⏳5分

問題演習
記録

1
回目 ✓ □

2
回目 ✓ □

3
回目 ✓ □

面積の大きさでいえること

> **問題 4** 下図のような平面図形がある。三角形 ABC は AB ＝ AC の直角二等辺三角形で，点 D は辺 AC 上にあり，点 F は線分 AB の延長上にある。点 E は直線 DF と辺 BC との交点である。さらに，CD ＝ BF ＞ 0 とする。三角形 DEC の面積を S，三角形 BFE の面積を T とするとき，次の記述のうち確実に言えるのはどれか。

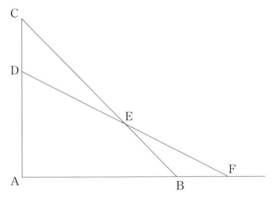

❶ S － T はいつでも正で，その値は CD ＝ BF の値だけに依存する。

❷ S － T はいつでも正で，その値は CD ＝ BF と AB ＝ AC の両方の値に依存する。

❸ S － T はいつでも負で，その値は CD ＝ BF の値だけに依存する。

❹ S － T はいつでも負で，その値は CD ＝ BF と AB ＝ AC の両方の値に依存する。

❺ S － T は正にも負にもなり，その値は CD ＝ BF と AB ＝ AC の両方の値に依存する。

四角形 ADEB の面積を U とし，$CD = BF = x$，$AB = AC = y$ $(y > x)$ とします。

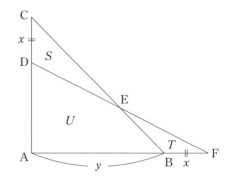

$$S = \frac{y^2}{2} - U$$

$$T = \frac{(x+y)(y-x)}{2} - U$$

$$= \frac{y^2 - x^2}{2} - U$$

よって，

$$S - T = \left(\frac{y^2}{2} - U\right) - \left(\frac{y^2 - x^2}{2} - U\right)$$

$$= \frac{x^2}{2} > 0 \ \text{(いつも正)}$$

ですから，$S - T$ はいつでも正で，$CD = BF = x$ の値のみに依存します。

解答のポイント

　なんだか，高校数学の証明問題のような雰囲気だねー。あの忌まわしい過去がよみがえる？（笑）　まあ，どの選択肢も $S - T$ の値について書いてあるので，それぞれ，S と T を求めていくしかない。そのとき，$CD = BF = x$，$AB = AC = y$ と置く。S，T の面積どちらも，中央の四角形 ADEB（U とする）を使って求めていくのがポイントだね。そうすると，計算途中で y と U が消えて，結局 $S - T$ は x だけの式になる。これは $S - T$ の値が $x = CD = BF$ だけで求められることを意味するね。

正解 **1**

正三角形の中の平行四辺形の個数

問題
5

次の図のように，同じ大きさの正三角形を25個組合せてできた正三角形がある。この正三角形 ABC に含まれる平行四辺形の総数はどれか。

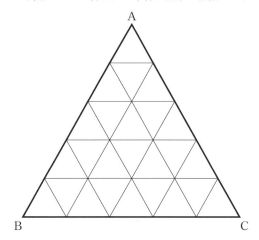

1 30

2 81

3 105

4 114

5 210

　考えられるかぎりの平行四辺形の種類を求め，数えるしかありませんが，例えば，頂点 A を上にした状態で，2 辺が AB と BC に平行な平行四辺形を考えます。これを，120°回転させて頂点 B を上にしたとき，同じ位置の平行四辺形は，2 辺が BC と CA に平行な平行四辺形になり，更に120°回転させることにより，頂点 C を上にしたとき，同じ位置の平行四辺形は，2 辺 CA と AB に平行な平行四辺形になります。

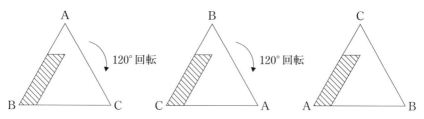

　つまり，A を上にした状態で，2 辺が AB と BC に平行な平行四辺形を数え上げ，その数を 3 倍すれば，正三角形 ABC に含まれる平行四辺形の総数になるとわかります。

　そこで，一番小さな正三角形の 1 辺を a として，以下に頂点 A を上にしたときの，2 辺が AB と BC に平行な平行四辺形を数えます。

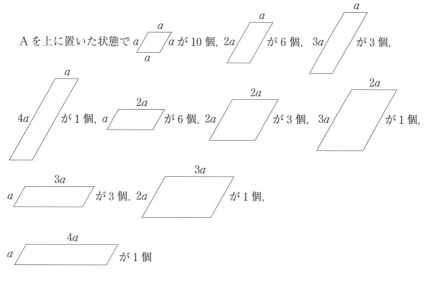

　よって，計35個。これを 3 倍して，105個。

「図形の中の図形を数える」ポイントは，最小のものか
ら数えていき，徐々にサイズを大きくしていくこと。この
方法で数え落としや数え間違いを防ごう。本問の数える図
形は「平行四辺形」なんだけど，一口に「平行四辺形」と
いっても方向が左，右，縦の3方向あるから，更にややこ
しい。こんなときは，まず一方向に限定して，その数を数
えて最終的にその数を3倍することで乗り切ろう！

正解 **3**

重要度 **B**

平成23年
特別区

制限時間 ⏳ **6分**

問題演習
記録　1回目／□　2回目／□　3回目／□

透過ガラスの重ね合わせ

問題6　次の図のように模様を描いたガラス板Aとガラス板Bがある。今，この2枚のガラス板を重ね合わせたとき，できる模様としてあり得ないのはどれか。ただし，ガラス板A，Bは裏返して重ね合わせることも，回転させて重ね合わせることもできるものとする。

ガラス板 A

ガラス板 B

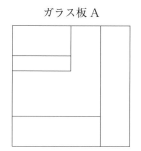
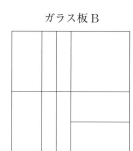

❶

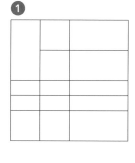

❷

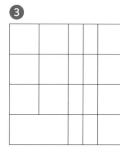

❸

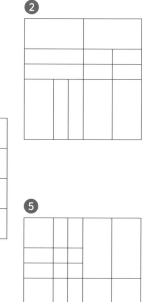

❹

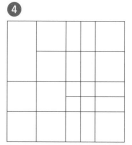

❺

　特徴のあるガラス板Bの縦の三本線を先に選択肢に太く書き入れ，選択肢にガラス板Bに含まれる残りの模様を太く書き入れます。その際，ガラス板Bが回転のみで重ね合わせたのか，裏返しているのかを注意しながら書き入れます。

　次に，選択肢の太く塗られていない線だけに着目するようにして，ガラス板Aがどのように重なっているのか，あり得ないものを探します。以下の図ではBを太線，Aを細線で示しています。

❶：あり得ます。ガラス板Bは，左右に裏返して，90°右回転します。ガラス板Aは，裏返さずに180°回転させて重ねます。

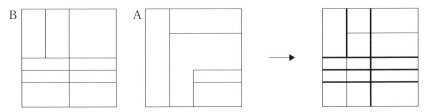

❷：あり得ます。ガラス板Bは，90°右回転します。ガラス板Aは90°左回転させて重ねます。

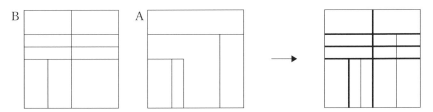

❸：あり得ません。ガラス板Bは，裏返さずに180°回転します。ガラス板Aは左右に裏返して重ねているのですが，2か所で誤りがあります。正しくは，下図のようになります。

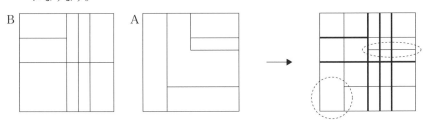

❹：あり得ます。ガラス板Bは，左右に裏返し，ガラス板Aは，180°回転させて重ねます。

B 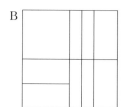　A 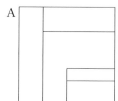　→　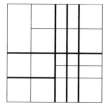

❺：あり得ます。ガラス板Bとガラス板Aをそのまま重ねています。

B　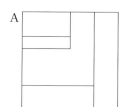　A　→　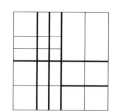

> **解答のポイント**
>
> 　ガラスAとガラスBの中で特徴的な部分といえば，ガラスBの3本線かな。まずは，ここを基準に考えてみよう。例えば，選択肢 **❶** では3本線が横になっているので，Bを反時計回りに90°回転させて，更に右下の横線を考えれば，裏返す必要があるよね。そこにAを重ねるわけだけど，Aは左上の細長い長方形が特徴的なので，これをBと合わせるためには180°回転すればいい。……というぐあいに一つひとつ選択肢を見ていく。
>
> 　もし，頭で考えてみてもピンとこない人は，この図を拡大コピーしてみて，トレッシングペーパーなどに写してみたらどうかな。百聞は一見にしかず。実際に手を動かすことも空間把握能力の向上に役立つよ！

正解 **3**

「平面図形」で知っておきたい知識の整理

 解法パターンを整理する

「平面図形」の問題種類は幅広く,「パズル」「折り紙」「分析」「一筆書き」……等があります。

ただし,それぞれについて解法パターンは決まっているので,解き方を記憶し,練習を積み重ねていきましょう。

立体応用

 重要度

平成26年
特別区 ｜ 制限時間 ⌛4分 ｜ 問題演習
記録 1回目☐ 2回目☐ 3回目☐

立方体の組み合わせ

問題
1

次の図のように，3個の立方体を組み合わせて作った立体がある。今，この立体を隙間なく組み合わせて立方体を作るとき，必要となる立体の最少個数はどれか。ただし，この立体は回転させて使うことができるものとする。

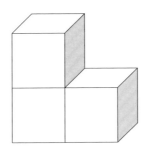

① 9個

② 72個

③ 243個

④ 576個

⑤ 1125個

選択肢❶の9個が正解だとすると，小立方体は全部で27個で，$3 \times 3 \times 3$の立方体となります。可能性はあるので，現実にできるか考えてみます。

まずパーツ2つを組み合わせて，Aのブロックを作ります（小立方体6個分）。またパーツ3つを組み合わせてBのブロックを作ります（小立方体9個分）。小立方体で数えて27個分の立体を作るのですから，Aブロック3個，Bブロック1個で立方体ができれば正解ということになります（$6 \times 3 + 9 = 27$）。

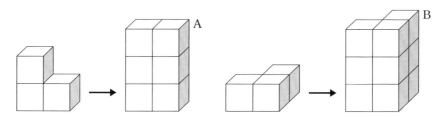

あとは平面図（真上から見た図）で考えます。

右の図のように組み合わせると正方形を作ることができます。

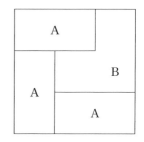

解答のポイント

「ジグソーパズル」問題の立体バージョン。なかなか手強いね。最少個数で立方体を作りたい。こりゃ選択肢を利用するしかないね。つまり選択肢の中で最少なのは「9個」。果たして9個で立方体が作れるかどうかを検討する。小立方体3個で1つのパーツだからこれが9個あるということは小立方体の数は$3 \times 9 = 27$。これは，$3 \times 3 \times 3$の大立方体だ！　あとは，試行錯誤して，$3 \times 3 \times 3$の大立方体が作れるかどうか考えよう！

正解 1

投影図

問題 2 下図で表される立体の辺の数として，妥当なのはどれか。ただし，辺とは２つの平面の交線をいい，この立体の底面は平面である。

平面図

側面図

正面図

側面図

背面図

1 18

2 19

3 20

4 21

5 22

この立体は，下の見取り図のような**直方体の上に三角柱が載せてある立体**です。

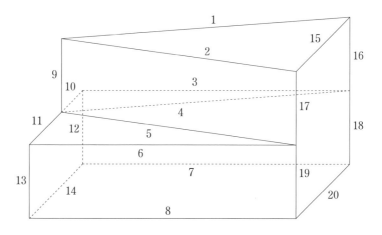

ここでのポイントは，**右側の面の辺の数え方**です。

問題文には「辺とは2つの平面の交線をいい」とあるので，**右側面は見かけ上では辺4本の正方形**ですが，**縦の辺2本は上下で分割して数える必要があります。**（上図16～19）。

よって，合計で20本です。

解答のポイント

「投影図」の問題。2次元の「平面図（上から見た図）」「正面図（前から見た図）」「側面図（横から見た図）」から3次元の立体を想像する問題。本問は更に「背面図」まで用意されているから，むしろ親切？（笑） 最も外側の線をもとに大まかな形を考えたら（本問なら羊羹のような直方体かな），それぞれの図面に書かれた直線に合わせて，パーツを削り出すようなイメージで形を決めていこう。

本問が意地が悪いなぁと思うのは「辺の定義」がわかりにくい。問題文では「辺とは2つの平面の交線をいい」となっている。これは，面の組み合わせが変わったら辺の種類も変わるってことだからね。注意してね。

正解 3

重要度 S

| 平成23年
裁判所職員 | 制限時間 ⏳5分 | 問題演習
記録 1回目 ☐ 2回目 ☐ 3回目 ☐ |

立体の周りを直線がぐるっと回る

問題 3 図のような立方体の頂点Aと辺BCを2:5に分ける点を線分で結び，これを立方体を展開したときに直線となるようにのばしていく。このとき，Aから出発して初めて到達する頂点はどれか。

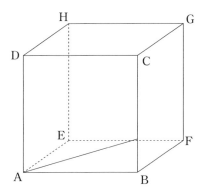

① D

② E

③ F

④ G

⑤ H

　問題の図の側面を線分が1周（正方形4面）の後にどのようになっているのかを，展開図を用いて検討します。

　辺 BC を 2：5 となるように直線を引くのですから，辺 FG は 4：3，辺 EH は 6：1 となります。この後，直線は辺 HD 上の中点を経て正方形 DCGH 上をとおります。この比の割合で直線を延ばすと，最後の頂点は G となります。

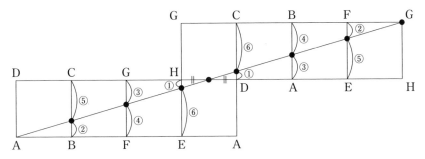

解答のポイント

　「立体の周りを直線がぐるっと回る」問題。ちょっとタイトル長い（笑）は，展開図を広げて考えるのが原則。本問の場合，立方体の1辺の長さを1として，A から出発して BC を 2：5 に内分する点を通るということは，その直線の傾きは，横：縦 $= 1 : \dfrac{2}{7} = 7 : 2$

　そう，横と縦の比が 7：2 となる直線。つまり，横に7枚，縦に2枚分の正方形の面を並べた展開図を作る。あとは，この図の対角線がこの直線になるってわけだけど，もともと立方体の面というのは6面しかないわけで，この展開図は8面ある。そこがなんかスッキリしない。これは当然，同じ面を複数回通過するからなんだけど，A から出発した直線は，側面の4面を通過したら上面の DCGH に到達し，DH の中点を通過し，辺 CD に向かう，更に DC を通って，面 DABC →面 AEFB →面 EHGF と進んでいく。立体と展開図をよく見比べてほしい。

正解 **4**

正多面体の特徴（1つの定義）

面はすべて合同な正多角形，1頂点に集まる面の数はどこの頂点でも同じ

※正多面体は，正四面体，正六面体，正八面体，正十二面体，正二十面体の5種類しかない。

総括表（特徴をまとめたもの）

正四面体	正六面体	正八面体	正十二面体	正二十面体

	正四面体	正六面体	正八面体	正十二面体	正二十面体
① 面	4	6	8	12	20
② 頂点	4	8	6	20	12
③ 辺	6	12	12	30	30
①＋②－③	2	2	2	2	2

サイコロ

重要度

S

平成28年
裁判所職員

制限時間 ⏳**4分**

問題演習
記録

1回目 ／ □
2回目 ／ □
3回目 ／ □

積み上げたサイコロ

問題
1

向かい合った面の目の和が7になるサイコロが5つある。このサイコロを，接する面の数の和が6になるように下の図のように貼り合わせた。このとき，Xの目はいくつか。

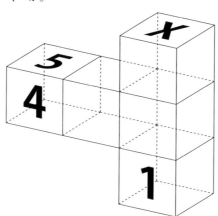

① 2

② 3

③ 4

④ 5

⑤ 6

　上から2段目の左側のサイコロの上面が5で，手前が4なので，右側面は1か6ですが，隣りに接する面との数の和が6なので，右側面は1となることがわかります。

　あとは，右隣に向かって接する目の数字を並べると，(5，2)，(4，3)となります。

　よって，右端の3段積みの2段目のサイコロの上面の数字は1，2，5，6のいずれかということになるのですが，1だとすると，底面が6となり，下段と接する面の数の和が6であることに矛盾します。

　よって，2か5のいずれかです。上面が2であるとすると，底面は5になり，下段の上面が1ということになりますが，下段のサイコロの1の面は手前にあるので，矛盾します。

　よって，2段目のサイコロの上面は5です。すると，上段の底面は1であり，Xの面は6であることがわかります。

セ
ク
シ
ョ
ン

15

サ
イ
コ
ロ

解答のポイント

　見えているのは一番左のサイコロの2面のみ……どうすれば，Xがわかるのか……。

　うーん，慌てず，ゆっくり考えよう。まずは，横に伸びているサイコロたちだけど，一番左のサイコロは4と5が見えているから，それぞれの裏は3と2だ。だから右の面は1か6しかないよね。でも，「接する面の和が6になるように貼り合わせる」から右の面は1と決まる。

　よって，横1列は【6－1】【5－2】【4－3】と決まる。次に縦のサイコロ3つだけど，真ん中のサイコロは左右が【4－3】なので，上面は1，2，5，6のうちのいずれかだけど，6は上のサイコロと接する状態を考えればあり得ない。また，上面1とすると，下面は6なので，これも下のサイコロとのつながり上あり得ない。また，上面を2とすると下面は5となり，下のサイコロの上面が1となるが，手前に1が見えているのでこれもあり得ない。結局，真ん中のサイコロの上面は5となる。そうすると，上のサイコロの下面は1，その裏（X）は6となり，正解は **⑤** だ。わかるところから，順次考えていこう。

正解 **5**

平成24年
裁判所職員

制限時間 ⌛ 4分

問題演習
記録

1回目 ／ □
2回目 ／ □
3回目 ／ □

展開図を示されたサイコロ①

問題2 図1のような展開図を持つさいころ3個を図2のように並べる。上面の目の和の最大値をAとし，隣のさいころと接している面の目が同じである場合の上面の目の和の最大値をBとする。A，Bの値の組合せとして最も適当なのはどれか。

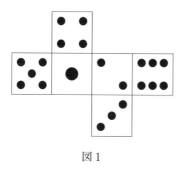

図1

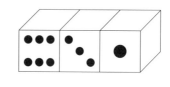

図2

	A	B
❶	15	13
❷	15	15
❸	16	14
❹	16	16
❺	17	15

　図1の展開図から，図2の上面になる可能性のある面を挙げると，左側は3と4，真ん中は1と6，右側は2，3，4，5となります。

　ここで，上面の目の和の最大値Aは，左側4，真ん中6，右側5の値の和なので，

　　　A＝4＋6＋5＝15

となり，選択肢❶，❷に絞られます。

　次に，隣のさいころと接している面の目が同じである場合，左側のさいころの上面が3のときと4のときのさいころの五面図を書きあげ，上面の目の和の最大値Bを求めます。

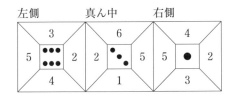

上面の目の和
3＋6＋4＝13

図2で判明しているさ
いころの目の方向は，
維持したまま検討する

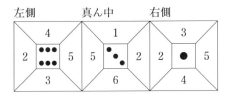

上面の目の和
4＋1＋3＝8

　したがって，最大値B＝13とわかります。

セクション **15** サイコロ

解答のポイント

　展開図は表裏関係も大事だけど，模様の向きにも気を付けたい。まず，Aの値から考えよう。一番左側のサイコロから。6の周囲の面は2，3，4，5だけど，6の向きからいって，上面は3か4だ。展開図とにらめっこしてみよう。より大きいのは4。次に，中央のサイコロだけど，まず，手前の3の向きからいって，上面は6か1だけど，より大きいのは6。最後に右側のサイコロ。1の場合向きは関係ないので，1の周囲の中で最大は5。ということで，A＝4＋6＋5＝15だ。ここまでで，選択肢は❶か❷。

　次に，Bの値。左側のサイコロは上で述べたように上面は3か4の2通り考えられる。詳しくは，解説の図を見てね。B＝13となって，正解は❶だ。

正解 **1**

重要度 A

平成23年
国税専門官

制限時間 ⏳ 5分

問題演習
記録

1回目 ／ □　2回目 ／ □　3回目 ／ □

展開図を示されたサイコロ②

問題 3 展開すると図Ⅰのようになるサイコロが4個ある。これらを互いに接する面の目の数の和が6となるように，図Ⅱのように並べた。このときAの面にくる可能性のある目の数のみを挙げているのはどれか。

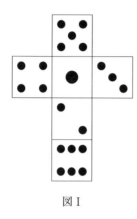

図Ⅰ

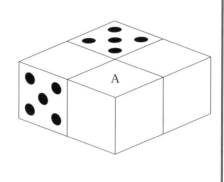

図Ⅱ

① 1，6

② 2，3

③ 2，5

④ 3，4

⑤ 4，6

　図Ⅱにおいてサイコロ五面図を用い，図アのようにP，Q，R，Sと各図に名前を付けます。

　サイコロの平行な面の数の和は7で，接する面の和が6になるように並べられているので，図アの①は2，②は4，③は3となり，図1より④は6，⑤は1とわかります。

　すると，⑩は5，⑮は2で確定します。

　次に，図Pに着目すると，⑥の可能性のあるサイコロの目は，1，3，4です。そうすると，図Rの⑦は，5，3，2の目のいずれかになります。

　ここで，例えば⑥に1の目が入るとすると，⑦は5の目，⑭は2の目となります。すると，Aには1，3，4，6の目がくる可能性がありますが，⑨には6の目は入れず，⑪に5と2の目はこないので，⑨には3がくることになります（図イ）。

　したがって，Aには1か6の目がくることになります。

　補足として，⑥には3，4の目が入るとしても同様の結論が導けます。

図ア

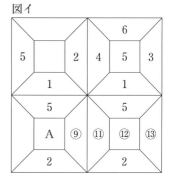

図イ

解答のポイント

　サイコロといえば，表裏を足すと7になるっていうのは，誰もが知っている常識中の常識だけど，試験問題に登場するサイコロがいつも一般的なサイコロとは限らないから注意してね（本問は表裏足すと7になるけどね）。

　手前に5が見えている左側のサイコロの裏は2，接している奥のサイコロの手前の面は4，その裏は3となると，上に5が見えているから，奥のサイコロの右面は1しかないね。その隣のサイコロの左面は5，右面は2，手前は1か3か4だ。仮に1とすると，Aのサイコロの奥の面は5，手前は2，左右は3と4になる。このとき，Aは1か6だ。つまりAは，1と6の可能性はある。これで選択肢は❶とわかる。もちろん，他のパターンも調べてみてほしい。

正解 **1**

273

立方体の各面にかかれた数字

問題
4

下の図のように，側面に2か所の穴がある木箱に9個の同じ立体が収められている。一つの立方体の各面には，1〜6の異なる数字が一つずつ書かれており，数字の位置関係は9個の立方体で同一である。この状態において，木箱の底面側に接している各立方体の面の九つの数字の和が32であるとき，この立方体の2の数字が書かれている面の反対側の面に書かれている数字として，正しいのはどれか。

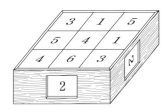

❶　1

❷　3

❸　4

❹　5

❺　6

見えている面の数字から1，2，6の3面は隣合わせになっていることがわかります。

したがって，1，2，6の裏面の数字は3，4，5で，その組み合わせは右の6通り考えられます。

①〜⑥の中で問題の図の裏面の面の合計が32になるものを探します。

	1の裏面	2の裏面	6の裏面
①	3	4	5
②	3	5	4
③	4	3	5
④	4	5	3
⑤	5	3	4
⑥	5	4	3

（①の場合）

上面	5	1	3	1	4	6	3	5	4
下面	6	3	1	3	2	5	1	6	2

合計29なので，誤り。

（②の場合）

上面	5	1	3	1	4	6	3	5	4
下面	2	3	1	3	6	4	1	2	6

合計28なので，誤り。

（③の場合）

上面	5	1	3	1	4	6	3	5	4
下面	6	4	2	4	1	5	2	6	1

合計31なので，誤り。

（④の場合）

上面	5	1	3	1	4	6	3	5	4
下面	2	4	6	4	1	3	6	2	1

合計29なので，誤り。

（⑤の場合）

上面	5	1	3	1	4	6	3	5	4
下面	1	5	2	5	6	4	2	1	6

合計32となり，正しい。このとき，2の裏面は3になります。

解答のポイント

　見えているのは，2を中心にして6と1が2と面続きになっている。そうであるならば，3と4と5が面続きのはずだ。さて，今上から見て，見えているのは3，5，1，4が各2面ずつで，6が1面の計9面。この裏面合計が32となる。3の裏を○，5の裏を□，1の裏を△，4の裏を◎，6の裏を☆とすると，

$$(○＋□＋△＋◎)×2＋☆＝32$$

なので，☆は偶数のはず。6の裏の可能性としては，3か4か5であって，その中で偶数は4しかない。だから6の裏の☆＝4だ！

　また，4の裏は6だから◎＝6だ。上の式にそれらを代入すると，(○＋□＋△)＝8。○は1か2，□は2か1，ということは，○＋□＝3，△は3か5であるから，上の式から，△＝5は確定。ならば□＝1，○＝2も確定する。よって，2の裏は3である！！　　ああ，いっそ透視能力があれば楽なのに。(笑)

正解 **2**

「サイコロ」で知っておきたい知識の整理

 ## サイコロ転がし問題の知識

　一般的なサイコロでも，特殊な配置のサイコロでも，サイコロは，同じ方向に回転すれば，必ず4回で元の数字に戻ってきます。当り前のことですが，これを忘れずに頭の片隅に置いておくと，サイコロ転がし問題を解く時間が短縮できます。

　また，一般的なサイコロは，表裏が2－5，1－6，3－4となっています。サイコロを転がすと「表に何の目が出るか」という問題は，頭の中で実際に転がす訓練をしておくと，解答までスムーズに進められます。

正多面体・展開図など

立方体の展開図

問題
1

次の図のような展開図を立方体に組み立て，その立方体をあらためて展開
したとき，同一の展開図になるのはどれか。

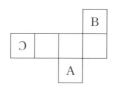

❶

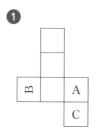

❷

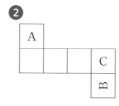

❸

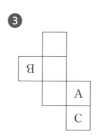

❹

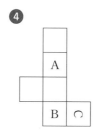

❺

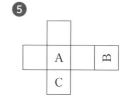

「最小の角の法則」に従って，展開図を動かします。

選択肢 ❸ を動かすと次のようになります。

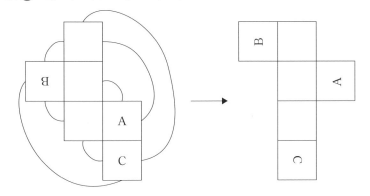

解答のポイント

　展開図の問題といえば「最小の角の法則」だよね。えっ？知らない？　そりゃ，まずい。

① 　展開図の外辺のうち，最小の角をなす辺どうしは接する。

② 　①の隣の辺どうしは，同じ面の組み合わせで2辺を共有しない限り，接する。

③ 　②を繰り返す。

　しかも，この法則の便利な点は法則に従っていれば，図形が変形できるってところ。自分の見やすい形に図形を変形して考えてみよう!!

正解 3

重要度 **B**

平成26年
国家一般職

制限時間 ⌛ **6分**

問題演習
記録

1回目 ☑ □　2回目 ☑ □　3回目 ☑ □

小立方体の塊から立方体を除いていく

問題
2

図Ⅰは一辺の長さが 1 cm の立方体48個を隙間なく積み重ねた立体を示したものである。図Ⅱに示すとおり，各立方体には番号が付いており，図Ⅰの状態から立方体を 1 番から順に一つずつ取り除き，残った立体の表面積について考える。

15番までの立方体を取り除いたときに残った立体の表面積と，n 番（ただし $n \neq 15$）までの立方体を取り除いたときに残った立体の表面積が等しくなるときの n について，確実にいえるのはどれか。

図Ⅰ

5	16	15	14
6	1	4	13
7	2	3	12
8	9	10	11

図Ⅱ

上段

5	16	15	14
6	1	4	13
7	2	3	12
8	9	10	11

中段

21	32	31	30
22	17	20	29
23	18	19	28
24	25	26	27

下段

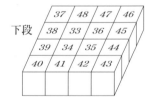

37	48	47	46
38	33	36	45
39	34	35	44
40	41	42	43

① n は17のみである。

② n は23のみである。

③ n は31のみである。

④ n にあてはまるすべての数値の和は40である。

⑤ n にあてはまるすべての数値の和は78である。

　例えば1を取り除くと，くぼみができますが，くぼみの側面4面分の表面積が増えるといった点には十分注意します。

　初めの表面積は，上面16，床面16，側面12×4で，$16 + 16 + 12 \times 4 = 80$です。

　仮に，そこから上段の16個の立方体をすべて取り除くと，表面積は，上面と床面には変化がないのですが，上段の側面部分16面分が減ることになり，$80 - 16 = 64$となります。

　その一つ手前の15番目までを取り除いた場合の表面積は，これに16番目の立方体の側面4面分が加わるため，$64 + 4 = 68$となり，これが基準です。

　17番目を取り除くと，くぼみの壁面4面分が増えるから，表面積は$80 - 16 + 4 = 68$。よって，17はnの条件を満たします。

　18番目と19番目を取り除くと，くぼみの壁面が2面ずつ増えてゆくので，条件からは離れてしまいます。

　20番目，21番目は取り除いても表面積に増減はありません。

　22番目からはまた表面積が減っていき，23番目で基準の表面積に合致するので，23もnの条件を満たします。

　24番目以降，中段最後の32番目までは，表面積が2ずつ減っていくため，条件からは離れてしまう。

除く立方体の数	面積　（増減数）
0	80
⋮	⋮
15番まで	68　（-12）
16番まで	64　（-16）
17番まで	68　（-12）
18番まで	70　（-10）
19番まで	72　（$-\ 8$）
20番まで	72　（$-\ 8$）
21番まで	72　（$-\ 8$）
22番まで	70　（-10）
23番まで	68　（-12）
24番まで	66　（-14）
25番まで	64　（-16）
26番まで	62　（-18）
27番まで	60　（-20）
28番まで	58　（-22）
29番まで	56　（-24）
30番まで	54　（-26）
31番まで	52　（-28）
32番まで	48　（-32）

　下段は，側面2段分，つまり$4 \times 4 \times 2 = 32$面分のマイナスに加え，一個取るごとに上面と床面の2面分がさらに減ることになっていきます。33番目から35番目までは，取り除くごとに側面部分の表面積が増えるものの，それでは減る分にとても追いつかず，-12では収まりません。

　したがって，nの条件を満たす数は17と23の二つだけです。

　一見，簡単そうで実は複雑な問題。優しいと思って近づいたら，意外と気難しい相手だったってことよくあるよね（笑）。

　さて，本問は表面積ということで，まず，最初の全体の表面積は $16 \times 2 + 12 \times 4 = 80$。次は，条件に合わせて表面積を求めていこう。1〜15まで立方体を取り除いたときの表面積＝（一番上の段を全部取り除く＋小立方体1個）なので，$16 \times 2 + 4 \times 4 \times 2 + 4 = 68$。これが基準となる。

　選択肢❶を検討してみよう。この状態から17まで除くということは，16を除くことで -4 面だが，17を除くことで凹みができ，逆に4面増えるから，表面積は68のままである。まず，選択肢❶は今のところ正しい。可能性は❶，❹，❺だから，次は23まで除いたら……。というぐあいに選択肢をもとに検討していく。想像力と計算力が勝負のカギだ！

正解 4

重要度 **S**

平成22年
東京都

制限時間 ⏳ **3分**

問題演習
記録

1
回目 ☐

2
回目 ☐

3
回目 ☐

展開図上の模様の立体のときの見え方①

問題 3 下図のような展開図の点線を山にして折ってできる正八面体をある方向から見た図として、あり得るのはどれか。

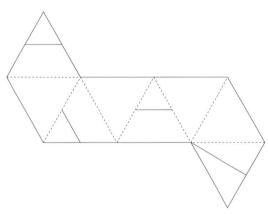

❶
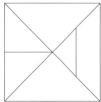

❷

❸
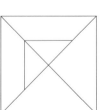

❹
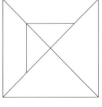

❺
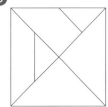

　図の右下にある4つの三角形を組み上げた場合の正四角錐を考えます（右図斜線部）。

　一番右下の三角形に着目すると，正四角錐に組み上げたとき，面に描かれた線が錐の頂点にまで伸びていると見当がつきます。これに当てはまるのは，❶，❷，❹で，その隣りの面が線の入っていない面が2面連続しているのは，❷しかありません。

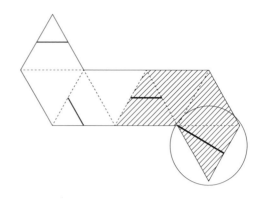

　展開図の模様の中で一番特徴的な模様は，右下にある頂点から底辺に向かって伸びる縦線の入っている模様だよね。だから，この面を中心に消去法で正解を見つけていこう！

　まず，この縦線の面と横線の模様は必ず隣り合わせになるか，2面を間に挟む関係になるかのどちらかだから，❶と❹は違うね。また，横線の面どうしは必ず間に1面を挟む関係なので，❸と❺も違う。なので，消去法で❷が正解だ！

正解　2

展開図上の模様の立体のときの見え方②

> **問題4** 次の図は，正八面体の展開図に太線を引いたものであるが，この展開図を太線が引かれた面を外側にして組み立てたとき，正八面体の見え方として，あり得るのはどれか。

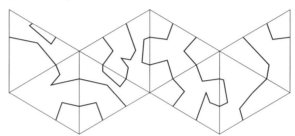

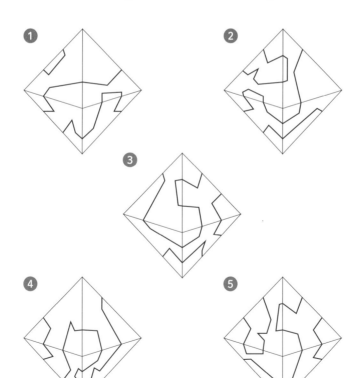

与えられた選択肢の図が，展開図のいずれに該当するか調べてみるしかありません。

　見えている面は4面なので，それがどれかを検討して，それらがくっつくかどうか調べていきます。

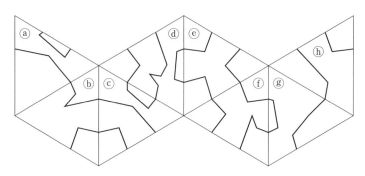

❶ ×　図の上面に注目します。gとaが右の図のように接しているので，不正解。

❷ ○　図の上面・下面とも正しく接しています。これが正解。

❸ ×　図の上面に注目します。gとeが右の図のように接しているので，不正解。

❹ ×　図の上面に注目します。bとhが右の図のように接しているので，不正解。

❺ ×　図の左面に注目します。dとgが右の図のように接しているので，不正解

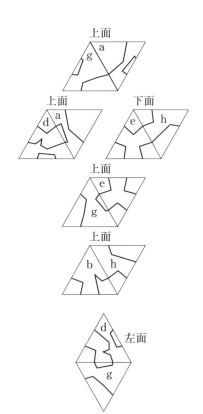

解答のポイント

　この模様を見て，なぜか万華鏡を思い出してしまった……。なんだか間違い探しみたいな問題だよね。そうか，間違い探しだ！　そう考えたら楽しくならない？（笑）この問題は選択肢を一つひとつ見ていきながら，間違った選択肢を消していく。選択肢が5つあって，そのうち4つは間違っているわけだから，間違いのほうが見つけやすいハズ（笑）。そんなときに，やっぱり一番特徴的な模様を見つけることから始めよう。

　例えば，選択肢 ❶ は左上に長方形が見えているけど，展開図でいうと，右から2番目の面だ。この面を左にもってきた場合，展開図によればその右隣にくる面の右下の端に切り込みが入ってないといけないよね。でも，選択肢 ❶ にはそんな切り込みはない……。というぐあいに選択肢を消去していこう！

正解 **2**

最小の角の法則

展開図：共有辺と平行な面　公式もあるがその前に図の特徴で考えることが大切	
公式1	最小角に開いている2つの辺はくっつく。
公式2	その両外の辺同士，更に両外の辺同士とくっつく。
公式3	ただし，2面は1辺しか共有せず，1が優先する。

公　式：結んだ線は交わらない。

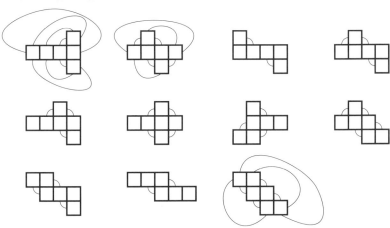